Margarete Mitscherlich
Brigitte Burmeister

Wir haben ein Berührungstabu

SERIE PIPER
Band 1719

Zu diesem Buch

Die Mauer ist gefallen, die Euphorie der deutschen Vereinigung schnell erloschen. Ernüchterung bis zu gegenseitigem Mißtrauen hat sich breitgemacht. Wir haben ein Berührungstabu, konstatieren die beiden Gesprächspartnerinnen Margarete Mitscherlich, die Psychoanalytikerin aus Deutschland West, und Brigitte Burmeister, die Schriftstellerin aus Deutschland Ost. Noch steht die Mauer zwischen den zwei deutschen Seelen, die einander fremd geworden sind in vierzig Jahren ungleicher Geschichte. Die real existierende Uneinheit ist zugunsten der Einigungsidee tabuisiert worden. Das hier abgedruckte Gespräch zwischen den beiden Frauen ist der Versuch einer notwendigen Verständigungsarbeit und beispielhaft zugleich, da es darum geht, gegenseitige Vorurteile abzubauen. Persönliche Erfahrungen über die Situation von Frauen werden ausgetauscht, über Arbeit und Kleinfamilie, die Beziehung der Geschlechter und die Rolle der Intellektuellen wird gesprochen. Und immer wieder kommen die Frauen auf den Faschismus als gemeinsamen Ausgangspunkt der deutsch-deutschen Geschichte zurück. In den unterschiedlichen Formen seiner Verdrängung in Ost und West sehen sie die Wurzeln für die Schwierigkeiten der Gegenwart.
»Die Fähigkeit beider Frauen, das privat Erlebte mit den politischen und gesellschaftlichen Verhältnissen zu verbinden, macht das Buch zu einer ebenso aufschlußreichen wie spannenden Lektüre.« Brigitte

Margarete Mitscherlich-Nielsen, geboren 1917 in Dänemark. Dr. med., Psychoanalytikerin in Frankfurt am Main. Mitglied der Sigmund-Freud-Gesellschaft.

Brigitte Burmeister, geboren 1940 in Posen. Studium der Romanistik in Leipzig. Dr. phil. Ab 1967 an der Akademie der Wissenschaften in Berlin. Seit 1983 freie Schriftstellerin.

Margarete Mitscherlich
Brigitte Burmeister

Wir haben ein Berührungstabu

Zwei deutsche Seelen —
einander fremd geworden

Piper
München Zürich

Von Margarete Mitscherlich
liegen in der Serie Piper außerdem vor:
Die Zukunft ist weiblich (968)
Die Unfähigkeit zu trauern (168)
(zus. mit Alexander Mitscherlich)

ISBN 3-492-11719-8
April 1993
R. Piper GmbH & Co. KG, München
Lizenzausgabe mit Genehmigung des KleinVerlages,
Hamburg
© KleinVerlag, Hamburg 1991
Umschlag: Federico Luci
Fotos: Isolde Ohlbaum (Margarete Mitscherlich);
Renate von Mangoldt (Brigitte Burmeister)
Satz: Uhl + Massopust, Aalen
Druck und Bindung: Clausen & Bosse, Leck
Printed in Germany

Inhalt

Vorwort
Margarete Mitscherlich-Nielsen

Als die Mauer fiel, lagen sich die Deutschen in Ost und West in den Armen und feierten ihre Wiedervereinigung. Als lang Getrennte konnten sie sich vor Freude über das heißersehnte Wiedersehen gar nicht fassen. Die Euphorie hielt — das liegt in der Natur derartiger Zustände, gesellschaftlicher wie individueller — nicht sehr lange an. Aber sogar für Pessimisten kam die Phase der Ernüchterung schneller, als sie es für möglich gehalten haben. Die gestern noch innig geliebten Schwestern und Brüder aus der DDR waren heute bereits so lästig wie ein abgelegter Liebhaber. Das Desaster der deutsch-deutschen Vereinigung ist auf manchen Ebenen dem einer mißlungenen Zweierbeziehung vergleichbar.

Ein Umschwung der Gefühle, die weitgehend auf gegenseitigen Idealisierungen oder auf Illusionen beruhten, war zu erwarten. Dennoch ist es natürlich von größter Bedeutung, die tieferen Ursachen dieser gegenseitigen Unzufriedenheit zu ergründen. Es ist klar, daß auch Gesellschaften gleicher kultureller Herkunft und gleicher Sprache sich nach fünfundvierzig Jahren eines unterschiedlichen Systems und unterschiedlicher Werte und Umgangsformen einander entfremdet haben. Die Erfahrungen, Verhaltens- und Denkweisen gehen auch in das Unbewußte einer Gesellschaft ein und verändern diese tiefgehend. Wir haben es mittlerweile mit zwei Kulturen zu tun. Was der einen quasi selbstverständlich ist, ist der anderen fremd und vice versa.

Es ist sicher kein Zufall, daß der Leipziger Reclam-Verlag jetzt »Die Unfähigkeit zu trauern« heraus-bringt, das Buch, das Alexander Mitscherlich und ich 1967 veröffentlicht haben, um die gigantische west-deutsche Verdrängungsleistung nach 1945 transpa-rent zu machen. Daß eine vergleichbare Verdrängung in der DDR nach 1945 sich ereignet hat, ist anzuneh-men. Auch dort wurde den Deutschen das Verdrän-gen während des Kalten Krieges leicht gemacht. Ob sich die Verdrängung der Vergangenheit jetzt – nach dem Verlust der sozialistischen Ideale – wiederholen wird, scheint man dort zumindest in intellektuellen Kreisen zu befürchten. Nur würde diese aller Wahr-scheinlichkeit nach, fände sie denn in der ehemaligen DDR in einem zweiten Schub statt, eine andere sein, als die der westdeutschen Nachkriegsgeneration. Man könnte ganz einfach sagen: Schaut sie euch doch an die »Ossis«, sie sind depressiv, ihr Selbstwertgefühl ist gering. Sie hatten eben kein Wirtschaftswunder, keine Gelegenheit, mit Hilfe eines hektischen Wieder-aufbaus ihre Depressionen abzuwehren. Sie leiden bis heute unter dem Schock ihrer zusammengebrochenen Ideale nach dem Ende des Hitlerreichs, ein Schock, der erneut aktiviert wurde durch die Entidealisierung des »real existierenden Sozialismus«. Außerdem ist ziem-lich deutlich, daß sich die »Wessis« in den »Ossis« selber verachten. So wie die heute, waren wir wäh-rend oder in den ersten Jahren nach der Nazizeit, scheinen viele Westdeutsche bewußt oder unbewußt zu denken.

Die Deutschen im Osten haben wiederum nicht nur verdrängt, daß auch sie, genauso wie die Westdeut-schen, für Hitler mitverantwortlich waren, sondern verleugnen gleichzeitig, daß sie von den Verbrechen des Stalinismus gewußt haben. Immerhin geschahen diese in Rußland und nicht unmittelbar vor der Haustür wie in Nazi-Deutschland.

Die Deutschen – West wie Ost – liebten Hitler auf ihre deutsche Art, das heißt sie idealisierten ihn und machten aus ihm »den größten Führer aller Zeiten«. Er ersetzte ihnen das eigene Ich- Ideal. Mit Größenphantasien, die er für sie verkörperte, konnten sie ihre Gefühle der Minderwertigkeit, ihr Ressentiment, die ewigen Verlierer zu sein, kompensieren. Die Liebe auf der Basis der Überhöhung ihrer Objekte war in einer autoritären Gesellschaft wie der deutschen die Regel. Eine solche Form der Liebe, in der Aggression auf Feindbilder verschoben wird, verträgt die Realität der Liebesobjekte schlecht und läßt die Idealisierung dann leicht in Mißachtung und Haß umschlagen. Vorgänge dieser Art tragen sicher das ihre zum schlechten Verhältnis zwischen Ost- und Westdeutschland bei.

Aber neben den Idealisierern, Opportunisten und Verbrechern gab es während und nach der Nazizeit natürlich auch Deutsche, die skeptisch waren, die sich nicht so bruchlos mit der von ihnen selbst gemachten Horrorfigur Hitler identifiziert hatten. Für manche war es auch möglich, um die verlorenen Ideale zu trauern, die der »Führer« für sie verkörpert hatte. Sie lernten zu durchschauen, wie unmenschlich diese Ideale gewesen waren und zu welchen furchtbaren Folgen sie geführt hatten. Anzeichen des Trauerns waren in den ersten Nachkriegsjahren wahrzunehmen, eine Geisteshaltung, die sich auch in unserer Verfassung niederschlug. Mit Beginn des Kalten Krieges und mit der Möglichkeit, sich mit den westlichen Siegern des Zweiten Weltkrieges zu identifizieren, wurde es dann den Westdeutschen auch ziemlich leicht gemacht, sich einem neuen und für lange Zeit endgültigen Schub der Verdrängung hinzugeben.

In der Ex-DDR mag sich in den ersten Nachkriegsjahren Ähnliches zugetragen haben, was die Konfrontation mit den furchtbaren Taten und Idealen der Nazizeit betrifft. Mit der Gründung der beiden deutschen Staaten änderte sich das. Einerseits konnten sich die DDRler darauf berufen, daß sie eine eindeutig antifaschistische Regierung hatten, die ihnen mit dem Slogan »die Hitler kommen und gehen, das deutsche Volk bleibt bestehen« quasi erlaubten, die Nazi-Vergangenheit zu verdrängen, wenn sie dafür bereit waren, sich mit dem kommunistischen Ostblock zu identifizieren und mit ihm gemeinsam Stalin und seine Verbrechen zu verdrängen.

In gewisser Weise leisteten sich die DDR-Bürger eine doppelte Verdrängung und fühlten sich dabei als doppelte Opfer: einmal als Opfer des Nationalsozialismus, der sie nach einem verlorenen Krieg mit dem Leben auf der falschen Seite bestrafte, einmal als Opfer des Staatssozialismus, der ihnen die Freiheit nahm und dafür den Stalinismus und die Mauer brachte.

Eine weitere Differenz zwischen der ostdeutschen Verdrängung und derjenigen der Westdeutschen liegt darin, daß die Mehrheit der DDR-Bürger ihre politischen Führer nie geliebt hat, jedoch man unterwarf sich ihnen und nahm wohl massenhaft an der gegenseitigen Bespitzelung teil. Nichts Neues im Osten und nach Hitler. Die Westdeutschen verliebten sich allerdings auch nicht in ihre eigenen Nachkriegs-Politiker, aber immerhin waren diese demokratisch gewählt und Kritik an ihnen war möglich. Viel mehr als mit den eigenen Politikern identifizierten die Westdeutschen sich mit den Amerikanern. Das war bei den DDRlern in bezug auf die Russen kaum der Fall. Dafür gab es

Gründe genug, nicht zuletzt solche materieller Natur. Im Laufe des wirtschaftlichen Aufschwungs der BRD verblaßte Hitler als Idol endgültig.

Welche Idole ihren Platz im Herzen der Ex-DDRler behauptet haben und behaupten werden, wissen wir noch nicht. Die Westdeutschen gehören jedenfalls nicht mehr dazu, auch wenn man sich ihrer Macht und ihrem Know how beugt. Schließlich wurde in der Ex-DDR die traditionelle deutsche Autoritätsgläubigkeit niemals wirklich in Frage gestellt. Nach dem verlorenen Zweiten Weltkrieg gab es eine neue Diktatur, die sich dieser Mentalität bediente. Die Tradition des Gehorsams mit ihrer brisanten Mischung von Aggression und Idealisierung funktionierte bis vor kurzem bestens.

Wenn wir aber im Westen glauben, völlig neue Menschen seit Hitler geworden zu sein, irren wir uns sehr. Verdrängung und gegenseitige Verachtung bringt uns in West und Ost nicht weiter. Nur die Erinnerung befreit. Nur wer sich erinnert, sich nicht selber belügt, lebt in der Gegenwart, ist zu einem wirklichen Neubeginn fähig und nicht dazu verdammt, unabgeschlossene, weil verdrängte Vergangenheit zu verewigen.

Die genaue Analyse der magischen vierzig Jahre, um die sich »die Menschen in der DDR«, wie unsere Politiker so gern sagen, betrogen fühlen, in denen sie nicht gelebt haben, in denen sie eingesperrt, entmündigt, um ihre Individualität gebracht, verfolgt und geschurigelt worden sind, und was man an derlei Klagen mehr hört, ist so enorm wichtig, weil anders das gesamte Ausmaß der Zerstörung, das der ostdeutsche Sozialismus angerichtet hat und anrichten konnte, nicht zu begreifen ist. Denn Täter und Opfer scheinen in diesem Fall – keineswegs immer, wie wir wissen – zusammenzugehören.

Deshalb wollte ich gern mit einer Frau sprechen, die in der DDR von ihrer Gründung bis zu ihrem Niedergang gelebt hat, um mehr zu erfahren, mehr zu begreifen, besser verstehen zu können. Daß es mich aufgrund meiner bisherigen Arbeiten und meines spezifischen Interesses dabei besonders gereizt hat, mit einer Frau zu reden, versteht sich von selbst.

Durch die Vermittlung Ingrid Kleins vom KleinVerlag habe ich mich im März dieses Jahres mit der Ostberliner Schriftstellerin Brigitte Burmeister in Frankfurt am Main getroffen. Wir haben ausführlich miteinander gesprochen. Die Schilderung ihres Lebensweges hat mir und wird, wie ich hoffe, auch anderen ein besseres Bild über die vergangenen und gegenwärtigen vierzig DDR-Jahre vermitteln. Ihre Interpretation der DDR-Geschichte eröffnet einen untypischen und deswegen umso interessanteren Blick auf die wiedervereinigten Deutschländer. Sie als Wissenschaftlerin, die sich vor einigen Jahren entschlossen hat, nur noch als freie Schriftstellerin zu arbeiten, gehört ganz sicher nicht zu den durchschnittlichen DDR-Bürgern, was aber den allgemeinen Erkenntniswert nicht mindert, im Gegenteil; erst die intellektuelle Reflexion und Analyse ermöglichten eine Annäherung an ein Gesamtbild. An Brigitte Burmeisters Reaktionen ist zu spüren, wie gekränkt viele Ex-DDR-Bürger sind, wenn wir sie als vorgestrig erleben, als Menschen, die sich seit den fünfziger Jahren nicht verändert haben...

Neben der Kernfrage, ob wir jetzt eine ostdeutsche zweite Etappe der Unfähigkeit zu trauern erleben, haben wir in unserem Gespräch über die doppelte deutsche Psyche versucht herauszufinden, wie es zu den wechselseitigen Vorurteilen kommt. Warum beispielsweise im Westen alle Ostdeutschen für naiv und anspruchsvoll zugleich gehalten werden, während umgekehrt im Osten alle Westdeutschen als arrogant und oberflächlich gelten. Es ist ziemlich klar, daß sich die »Wessis« in den »Ossis« selber sehen, so wie sie einmal waren, und die »Ossis« desillusioniert sind von der Fremdheit, die zwischen ihnen und den dereinst idealisierten »Wessis« besteht. So wurde thematisiert, ob die wechselseitige Fremdheit durch ein gegenseitiges Berührungstabu entstanden ist, woher dieses kommt und wie es zukünftig abgebaut werden könnte. Interessiert hat uns, ob es inzwischen durch die mehr als vierzigjährige Trennung zwei verschiedene deutsche Mentalitäten gibt und wie man die kollektive Depression begrenzen kann.

Ganz wichtig war mir, etwas über die Geschlechterverhältnisse zu erfahren. Wie sich das Zusammenleben von Frauen und Männern im Sozialismus im einzelnen gestaltet hat, ob die von staatswegen verordnete Emanzipation den Frauen zu mehr Selbstbewußtsein verholfen hat und wie die Männer damit gelebt haben. Was die fast hundertprozentige Berufstätigkeit der Frauen gesamtgesellschaftlich und individuell bewirkt hat und wie sich jetzt die Arbeitslosigkeit auswirken wird. Wie die neue westliche Bilder- sprich Porno-Inflation verkraftet wird, kurz, wie die persönlichen, die sozialen, die sexuellen Verhältnisse in der ehemaligen DDR waren und sich entwickeln werden.

Wie der Sexualwissenschaftler Volkmar Sigusch es ausdrückt: »Im schlechten Allgemeinen können die Beziehungen von Mensch zu Mensch nicht einfach gut sein.« So war mir die breitere Diskussion über die gesellschaftlichen Verhältnisse, in denen die einzelnen Subjekte ihre Persönlichkeit entwickeln konnten und mußten, wichtiger, als einzelne sexuelle Aspekte zu vertiefen und zu konkretisieren. Anders ausgedrückt: Ich betrachte dieses Gespräch quasi als Ideensammlung und Grundlage, um einen Zugang zu den unterschiedlichsten Bereichen des sozialen, psychischen und sexuellen Lebens in der Ex-DDR zu bekommen, sei es auf wissenschaftlicher Ebene, aus der feministischen Perspektive oder im persönlich-individuellen Bereich.

Es wäre wünschenswert, wenn die »neuen Länder«, die »Ex-DDR«, die »ehemalige DDR« sich nicht von den westlichen »Errungenschaften« überrollen lassen, sondern gemeinsam mit den neuen Verbündeten aus den alten Bundesländern um das Erhaltenswerte des sozialistischen Erbes kämpften, und zwar von den Kinderkrippen bis zum Recht auf Arbeit und der daraus letztlich resultierenden Emanzipation der Frau. Mit anderen Worten, daß ein gegenseitiger Lernprozeß und Austausch stattfände. Noch anders ausgedrückt: Wenn schon Westimport, dann bitte nicht nur Autos, Imbißstuben und Pornos. Und umgekehrt sollte gelten: Die Beseitigung der Folgen des realen Sozialismus bedeutet nicht, sich gleichzeitig von der Utopie zu verabschieden.

Burmeister: Die deutsch-deutschen Verhältnisse wurden immer ganz gerne familiarisiert. Die armen Brüder und Schwestern im Osten, der reiche Onkel im Westen... Und für die Vereinigung gab es das Bild der Ehe, wobei selbstverständlich war...

Mitscherlich: ... daß die DDR die Frau ist.

B: Ja, aber was ist das für eine Zuordnung? Die BRD als der Mann, also der werbende Teil. Das stimmt ja wohl nicht ganz.

M: Von Werbung kann wirklich keine Rede sein.

B: Gut, man kann sagen, kraft Grundgesetzauftrag war dort diese »Ehe« vorgesehen, nicht so in der DDR. Und dann die Stärke, das Vermögen...

M: ...dieses: ich sag, wo's lang geht. Das ist ganz eindeutig. Und die kuschen ja auch. Warum kuschen die eigentlich so sehr? Und sie haben auch dieses Klagende und Vorwurfsvolle, was Frauen so haben, wenn sie schlecht behandelt werden und sich nicht anders dagegen wehren können.

B: Das hängt mit der Lebensgeschichte zusammen. Es gab keine Zeit, ein neues Verhalten zu erproben. Nur diese kurze Zeitspanne von Oktober '89 bis zu den Wahlen im März '9o, ein knappes halbes Jahr. In dieser Zeit ist all das passiert, was mich tief berührt und auch sehr hoffnungsvoll gemacht hat, weil ich gemerkt habe, es gibt massenhaft den Wunsch, sich zu artikulieren. Es gibt Leute, von denen man nie gedacht hat, daß sie die Fähigkeit haben, öffentlich eine Meinung zu vertreten. Und das jetzt jeder für sich erstmal wieder einknickt vor einer Phalanx von Zwängen, das halte ich für absolut verständlich. Das Problem ist doch, daß es nicht gelungen ist, eine politische Stärke zu entwickeln, auf die die Leute rekurrieren könnten. Zum Beispiel in Gestalt von Parteien, die die Interessen aus der Alt-DDR wirksam vertreten, oder in Gestalt von starken Bürgergruppen. Die meisten sind mit ihren Problemen alleingelassen.

Ich sehe es so, daß die alte Gesellschaft, die sicher von der übergroßen Mehrheit als eine Zwangsgesellschaft empfunden worden ist, in dem Maße, wie sie zusammenbrach, auch all das, was sie an Schutz und Sicherheit und Orientierung geboten, mit sich gerissen hat. Da ist ein Vakuum entstanden, und das ist nicht gefüllt worden mit gut vorbereiteten, geschweige denn irgendwie getesteten Gesellschaftskonzeptionen. Wo hätte man die testen sollen? Es hätte allenfalls die Möglichkeit gegeben, sich gemeinschaftlich eine Zeit des Ausprobierens und des Sich-Ablösens von den alten Verhältnissen zu gestatten und auch auszuleben. Das ist nicht passiert.

M: Die BRD hat sich in keiner Weise eingefühlt in die Situation. Sagen wir mal, die DDRler hatten ja einen gewissen Schutz durch ihren Staat. Und gleichzeitig waren neunzig Prozent der Frauen berufstätig, so daß man eigentlich sehr selbständige Frauen erwartet hat. Sie waren nicht abhängig von ihren Männern, es gab Kinderkrippen, das heißt die Kinder wurden versorgt, kurz, man hat eigentlich Frauen erwartet, die viel autonomer und selbstbewußter sind als bei uns. Und das ist ja, wenn man sich heute die Realität anschaut, nicht der Fall.

B: Immerhin gibt es jetzt die Möglichkeit, sich die Realität anzuschauen, sie nicht nur zu messen an den Bildern, die man sich von ferne gemacht hat, oder stehenzubleiben bei den Urteilen auf den ersten Blick, diesem: Ich hab's mir ja immer schon gedacht oder der enttäuschten Variante: So hatte ich die mir eigentlich nicht vorgestellt. Also die Möglichkeit, allmählich das Stadium zu verlassen, in dem wir uns jetzt befinden, auch in diesem Gespräch. Was nun die Frauen betrifft: Ich denke, es gibt in Ost wahrscheinlich mehr Frauen, für die es selbstverständlich war, daß sie Beruf und Familie vereinbaren, aber es war ebenso selbstverständlich, daß die Familie wiederum ihr Job war.

M: Es war also die übliche Doppelbelastung?

B: Ja. Es läßt sich zwar vorstellen, daß die Familie als Aufgabe von beiden beteiligten Erwachsenen aufgefaßt wird, tatsächlich war es aber meistens Sache der Frauen, sich um die Kinder und den Haushalt zu kümmern, das Binnenklima aufrechtzuerhalten und die Arbeiten zu leisten, die dafür nötig sind. Offiziell war stets die Rede von der Vereinbarkeit zwischen Mutterschaft und Beruf – nicht Elternschaft und Beruf. Auf dieser Ebene blieben die Rollenvorstellungen im wesentlichen unangetastet. Und in der Praxis, im Alltag ist für die Männer weniger in Frage gestellt worden und haben sie weniger in Frage gestellt als die Frauen. Allerdings war es nicht so, daß Frauen massenhaft die familiäre Arbeitsteilung und die entsprechenden Rollenbilder angefochten hätten, im Sinne einer Frauenbewegung meine ich. Individuell schon. Ein Zeichen für die sogenannte

Geschlechterproblematik sind ja die Scharen alleinstehender Frauen und alleinerziehender Mütter, von denen es bei uns ungleich mehr gibt als in der Altbundesrepublik. Allerdings war es vielfach auch so, daß die Leute zwar zusammen lebten, aber nicht geheiratet haben, auch aus praktischen Erwägungen, beispielsweise um einfacher an einen Krippenplatz zu kommen. So daß es sich in diesen Fällen zwar statistisch, aber nicht de facto um alleinstehende Frauen handelt.

M: Es hieß doch, daß jedes Kind einen Krippenplatz kriegt, daß sie viel besser versorgt seien als bei uns, denn hier ist es ja eine Katastrophe.

B: Stimmt, aber wenn irgendwo Engpässe auftraten im Gesamtplan, dann wurden die alleinstehenden Mütter bevorzugt versorgt mit Krippenplätzen.

M: Wie ist denn überhaupt die Beziehung zwischen Mann und Frau? Hier ist es so, daß der Mann sich langsam in seiner althergebrachten Rolle selber in Frage stellt. Der Hitlerismus war ja ein reiner Männerwahn, der die Starrheit der Rollenverteilung enorm beeinflußt hat. Das ist inzwischen ein bißchen aufgeweicht, und ich hatte angenommen, daß sei total aufgeweicht in der DDR?

B: Es hat sich schon vieles verändert, und von einer durch Männlichkeitswahn geprägten Gesellschaft kann nach meinem Empfinden nicht die Rede sein, doch ebensowenig von einer verweiblichten Gesellschaft, mit einem starken Einfluß von Frauen auf das öffentliche Leben, das soziale Klima, den Stil von Politik und Verwaltung, die Sprache, die Sphäre des Imaginären, also die gesamte Bilderwelt, an der wir uns bewußt oder unbewußt orientieren. Diese Sphäre war ohnehin, soweit sie nicht

17

von außerhalb beliefert wurde, ziemlich dürftig und die öffentliche Kommunikation strikt reglementiert.

Die im westlichen Feminismus so ausgeprägte Diskussion über Weiblichkeitsbilder hat es in der DDR nicht gegeben, von vereinzelten Ansätzen abgesehen. Leitbild war, all die Jahre über, die Frau, die im Beruf »ihren Mann steht«, politisch aktiv ist, am besten als Genossin, nebenbei ihren Haushalt bewältigt, eine gute Mutter und ihrem Ehemann eine verläßliche Partnerin ist und bei alledem eine attraktive Frau bleibt.

M: Haben Sie viele attraktive Männer in der DDR getroffen?

B: Wenn ich darunter verstehe: Männer, die mir gefallen, in die ich mich hätte verlieben können oder verliebt habe – ja, einige schon. Aber die sind so verschieden, daß ich sie nicht auf einen Typ festlegen kann. Wenn ich mir mein Allgemeinbild, also irgendwie zusammengefaßte Beobachtungen in meinem sozialen Umfeld vergegenwärtige, sehe ich etwa diesen Typ: arbeitsbezogen, solide, attraktiv durch Intelligenz oder Phantasie, aber weil das einhergeht mit dem Festhalten an hergebrachten Vorstellungen – wie Frauen und wie Männer sind beziehungsweise sein sollten, wofür sich die einen interessieren, die andern nicht etc. – im ganzen recht langweilig.

So ungefähr ist mein Bild. Systematisch beobachtet, verglichen, nachgedacht habe ich da freilich nicht. Umgekehrt interessiert mich, welche Vorstellungen Sie haben, wenn Sie sagen: attraktive Männer. Was heißt das, von hier aus gesehen?

M: Ich weiß gar nicht, ob es viele attraktive Männer hier gibt. Ich verstehe jedenfalls unter attraktiv einfach Charme, Intelligenz, die Fähigkeit, auf andere Rollenvorstellungen einzugehen, und zwar ohne deswegen sofort Angst zu kriegen, sondern weil man für sich selber spürt, daß es so nicht mehr geht. Aber ich wüßte nicht, wenn ich so um mich gucke, wo dieser Typ Mann hier häufig anzutreffen ist. Wahrscheinlich gibt es auf der ganzen Welt wenig in diesem Sinne attraktive Männer.

B: In diesem Urteil spiegeln sich ja die Veränderungen der Frauen selber; daß sie nicht mehr mit den Männern zufrieden sind, mit denen vielleicht noch ihre Mütter wunderbar ausgekommen wären; daß Frauen sich in ihren Ansprüchen stärker verändert haben, oder sich anders artikulieren gegenüber Männern, die sich weniger verändert haben und diese Artikulation schlecht beantworten können – in unseren Gesellschaften, zumindest, und ungeachtet aller möglichen Ost-West-Unterschiede.

M: Wir haben sicherlich – ich meine die, die ein bißchen nachgedacht haben – Ansprüche, die unsere Mütter nie gehabt haben. Ich hätte meinen Vater bestimmt nicht geheiratet. Wir kämen gar nicht auf die Idee, diese traditionellen Formen zu wahren. Ich meine, es gibt ja auch hergestellte Dummheit. Es gibt sicher Männer, die ganz intelligent und keineswegs notwendigerweise Idioten sind, aber die doch an ganz bestimmten Vorstellungen festhalten, die wenig wendig, wenig in der Lage sind, Selbstkritik zu üben, die absolut starr sind. Die könnte man ja gar nicht mehr ertragen. Und das ist in der DDR ähnlich?

B: Ja, sicher. Aber ich kann nicht sagen, was bei aller Ähnlichkeit die feineren Unterschiede sind. Dazu müßte ich in Westdeutschland gelebt haben und einen größeren Ausschnitt kennen als den, in dem meine Freunde leben.

M: Erfolg macht erotisch, heißt es doch immer. Und hier haben die Menschen eben mehr Möglichkeiten. Man steigt beispielsweise einfach in ein Flugzeug und fliegt dahin, wo das Leben rundum bunter und exotischer scheint. In fremder Umgebung gibt es immer neue, andere Möglichkeiten des Umgangs miteinander, und das hat natürlich auch Auswirkungen auf die jeweilige sexuelle Attraktivität. Wenn ein Mann seinen Erfolg nicht zu plump zeigt, dieser aber zu mehr Selbstsicherheit führt, dann kann ihn das in gewisser Weise durchaus erotisch anziehend machen, jedenfalls mehr als den durch Grau-in-Grau geprägten DDR-Mann.

B: Dieses Grau-in-Grau löst sich bei näherem Hinsehen, bei der Wahrnehmung von Einzelnen auf, wie immer, wenn man ein Gruppenbild verläßt. Und doch will ich glauben, daß es im Westen mehr Vertreter der Spezies »Erfolg macht erotisch« gibt. Aber ob nun mehr Grau auf der einen, mehr Glanz auf der anderen Seite, der wesentliche Einschnitt kommt doch, hüben wie drüben, durch den erweiterten Erfahrungsraum von Frauen, durch die damit veränderten Lebensvorstellungen und Wünsche.

M: Jaja, das meinte ich gerade, die Frauen haben einen realen Zuwachs erfahren. Nur politisch kommt das nicht zum Zuge im Augenblick, bei ihnen noch weniger als bei uns.

B: Es gibt bei uns etwas, das sicher ähnlich ist wie hier, und ich glaube nicht, daß ich nur von mir auf andere schließe: Eine Unwilligkeit unter Frauen, politisch zu arbeiten in Parteien oder sonstigen Apparaten, Macht auszuüben oder sich dafür überhaupt zu interessieren. Die DDR war ja das erste Land, das eine Art Quotenregelung eingeführt hatte. In »Gretchens rote Schwestern« beschreiben Jutta Menschik und Evelyn Leopold, daß diese Regelung, die bereits 1950 wieder abgeschafft wurde und nur für Parteifunktionen galt, durchaus sinnvoll und nützlich für die Frauen gewesen sein soll.

Davon hat sich aber höchstens in den unteren Rängen etwas gehalten. Zur Spitze hin wurde der Frauenanteil immer geringer. Es gab zunehmend Bürgermeisterinnen, Schöffinnen, Richterinnen, Schuldirektorinnen und so, aber schon im Gesundheitswesen gab es zwar viele Frauen, doch wenig Chefärztinnen. Die Pädagogik war vielleicht der einzige Bereich, in dem man Frauen proportional zu ihrem Anteil auch in den oberen Rängen antraf. Der Lehrerberuf ist sowieso ein Frauenberuf geworden, leider aber verbunden mit einer Dequalifizierung. LehrerInnen wurden sehr häufig die, die was anderes nicht studieren konnten. Der Beruf hatte ein schlechtes Image.

M: Sie haben ja freiwillig Ihre Stelle an der Akademie der Wissenschaft eingetauscht gegen die Freiheit, Schriftstellerin zu sein. Was hat Sie dazu bewogen?

B: Ohne das Schreiben, womit ich nebenher schon an der Akademie begonnen hatte, hätte ich diese nie verlassen. Ich wollte ja nicht fliehen, es war mir nicht unerträglich, es hat mich auch niemand schikaniert, sondern ich hatte das Gefühl, ich müßte mich zwischen zwei Sachen entscheiden, weil ich auf die Dauer nicht beide nebeneinander machen kann. Da habe ich mich für das Neue, aber auch gegen das, was mich nicht mehr so überzeugte und interessierte, entschieden. Das konnten viele überhaupt nicht verstehen, eine sichere, quasi eine Lebensstellung aufzugeben, die für DDR-Verhältnisse wirklich privilegiert war. Man war frei in der Gestaltung seiner Arbeitszeit, konnte viel lesen, war mit gebildeten Leuten zusammen und hat, bei allem eignen Spielraum, gelernt, in Kollektiven zu arbeiten.

M: Und trotzdem haben Sie es nie bereut?

B: Nicht eine Sekunde. Es gab immer etwas, das mir Schwierigkeiten gemacht hatte, ohne daß es mir zunächst klar war, ich meine: mich an Denkstile, wissenschaftliche Gepflogenheiten anzupassen, auch wenn sie mir nicht paßten, oder aber etwas zu machen, ohne Rücksicht darauf, ob es von den anderen akzeptiert wurde, es eben so zu machen, daß es sich als mein Eigenes durchsetzte. Hinzu kam der ewige Zweifel an Sinn und Wirkung unserer literaturwissenschaftlichen Forschung. Diese Probleme habe ich durch den Berufswechsel gelöst und mir damit natürlich neue eingehandelt, mit denen ich aber fürs erste ganz gut leben kann und sicher auch werde, solange meine Neugier auf die ungeschriebenen Texte anhält.

M: Hat Ihr Schreiben etwas mit der DDR zu tun?

B: Ja sicher. Schon dadurch, daß es etwas mit mir zu tun hat, denn ich habe den größten Teil meines Lebens, die berühmten vierzig Jahre, in der DDR verbracht. Wenn auch mein erster Roman vielleicht etwas abartig wirkt und formal nicht viel Ähnlichkeit hat mit anderen Büchern aus der DDR. Aber es gibt bei vielen, die in der DDR geschrieben haben, so auch bei mir, etwas Gemeinsames. Das ist dieses Sich-Reiben an der Gesellschaft, in der wir gelebt haben. Und die Vorstellung, daß es nötig ist zu schreiben, Gedanken zu äußern, Bilder, Modelle zu entwerfen, um dazu beizutragen, daß diese Gesellschaft sich verändert.

Ich habe lange an die Veränderbarkeit des DDR-Systems geglaubt, dann nur noch vage darauf gehofft, dann auch das nicht mehr, jedenfalls zu den Illusionisten gehört, von denen es ja eine ganze Menge gab, und nicht zu denen, die immer schon wußten, daß man den Sozialismus nicht reformieren könne. Ich nehme an, daß die angedeuteten Schreibgründe im Westen in dieser Dringlichkeit nicht vorhanden sind, daß man da nicht so sehr aus dem erlebten Druck heraus schreibt, etwas tun zu wollen und zu müssen, damit diese Versteinerungen, die Lügen, dieser Widerspruch zwischen behaupteter und wirklicher Wirklichkeit zur Sprache kommen, damit letzten Endes auch die Leute, die die Politik machen, endlich begreifen, was sie da anrichten.

M: Die haben sie also ernst genommen. Und als Allende umgebracht wurde, haben Sie gesagt, da wollten Sie in die SED eintreten?

B: Zum Glück haben die mich nicht gleich genommen, und etwas später wollte ich nicht mehr. Aber damals, nach dem Chile-Putsch, ja. Aus dem pathetischen und dümmlichen Grund, man muß die Reihen stärken. Aus der Vorstellung heraus, daß meine Vorbehalte jetzt gleichgültig sind, weil es nur darauf ankommt, daß viele dazugehören. Dahinter stand sicher die Annahme, daß die Parteien doch mit Leuten arbeiten, die prinzipiell in der Lage sind, eine andere Politik in Gang zu bringen.

M: Also man hat den Männern, den Politikern, doch zugetraut, daß sie etwas anderes könnten, wenn sie nur die Einsicht hätten, daß die behauptete Wirklichkeit und die Realität zwei verschiedene Dinge sind?

B: Möglich. Was mich betrifft, habe ich eher so gedacht: Es kann doch nicht sein, daß die dermaßen vernagelt sind, daß sie nicht sehen, wie sie sich selber ständig belügen und auch belogen werden, und daß sie nicht sehen, was die Leute von ihnen und von ihrer Politik halten. Ich konnte mir damals schlechterdings nicht vorstellen, daß jemand sich so abschottet, daß er veränderungsunfähig wird.

M: Was machte eigentlich Ihre Mutter?

B: Sie war Lehrerin. Sie hatte in den dreißiger Jahren eine Ausbildung gemacht am berufspädagogischen Institut in Berlin als Gewerbelehrerin. Dann hat sie geheiratet und war eine Zeitlang zu Hause, mußte aber nach dem Krieg wieder arbeiten, was sie zum Glück mit diesem Beruf konnte. In Halle war sie zuerst an einer Berufsschule für Hauswirtschaft, die es aber bald nicht mehr gab. Sie wechselte an eine Schule für Bau- und Kunstgewerbe und hat da Deutsch unterrichtet und später auch Staatsbürgerkunde, das Politfach, was eine heikle Geschichte war.

Ich bin überzeugt davon, daß meine Mutter kein opportunistischer Mensch ist. Sie hat das auf sich wirken lassen, was ihr eingeleuchtet hat. Wenn sie im Westen lebte, würde sie wahrscheinlich SPD wählen. Bei unseren ersten freien Wahlen hat sie Bündnis '90 gewählt. Das hat mich richtig gefreut, denn in meiner Vorstellung komme ich aus einer sehr konservativen Familie.

M: Ich habe Christa Wolf immer sehr gut verstanden. Wie sie im »Kindheitsmuster« schreibt, war sie anfänglich nach den Ideen der Unmenschlichkeit, der Ungleichheit und der Ungerechtigkeit der

Nazis begeistert von den Ideen der Gleichheit und Gerechtigkeit, wie diese auch immer in der Wirklichkeit aussahen. Gerade weil man so auf Herrenrassenideen reingefallen war, ist es doch einleuchtend, daß man danach auf Menschheitsideen positiv reagierte.

    B: Das taten eine ganze Reihe, gerade aus dieser Generation.

M: Eben, und Ihre Mutter war wahrscheinlich noch älter.

    B: Ja, meine Mutter ist 1915 geboren. Bei ihr ist es ein langsamerer und verhaltenerer Weg als bei diesen Jüngeren, bei denen eine viel stärkere Identifikation stattfand.

M: Ihre Mutter ist also meine Generation. Hatten Sie mit ihr viele Auseinandersetzungen?

    B: Phasenweise, vor allem in der Pubertät. Die üblichen Kämpfe. Um Kleider, Frisuren, Verhaltensvorstellungen. Politische Auseinandersetzungen gab es selten und wenn, dann im Zusammenhang mit der Geschichte, zum Beispiel der Rolle der Deutschen im Baltikum, aus dem meine Vorfahren stammen. Außerdem hatte ich die Möglichkeit, wenn das Verhältnis zu meiner Mutter angespannt war, mit meiner Tante zu reden, buchstäblich über Gott und die Welt, denn während der Oberschulzeit beschäftigten mich Glaubensfragen sehr, und da war meine Tante mit ihrer Religiosität, in die ich mich heute kaum noch einfühlen kann, die ideale Partnerin.

M: Sie hatten ja auch noch fünf Cousinen und Cousins. Haben Sie sich nicht benachteiligt gefühlt?

    B: Doch, schon weil wir Flüchtlinge und untergeschlüpft waren und keinen Vater hatten. Ich erinnere mich zum Beispiel daran, wie meine Mutter einmal weinend die Treppe heraufkam, und mir erzählte – ich war ja die Älteste –, daß einer meiner Vettern und mein Bruder Schiffe gebaut hätten und mein Vetter von seinem Vater sehr gelobt, während mein Bruder mit seinem Schiff überhaupt nicht beachtet worden sei. Da kam es meiner Mutter hoch, so in dem Sinne: wenn euer Vater noch da wäre. Ich nehme an, daß es etliche Dinge dieser Art gegeben hat, und ich weiß, daß ich schlechte Bemerkungen über Flüchtlinge, auch wenn ich nicht gemeint war, auf mich bezogen habe.

M: Das gab es also in der DDR? Böse Bemerkungen über Flüchtlinge?

B: Oh ja. Man mußte zusammenrücken, das waren Zwangseinweisungen. Und aus den Ostgebieten kamen Leute, die einen anderen Dialekt sprachen und als Fremde empfunden wurden. Es gab eine Menge Feindseligkeit.

M: Das war also nicht anders als im Westen.

B: Dasselbe Volk, dieselbe Zeit...

M: Die Mutter war also berufstätig. Hat sie eigentlich nie mehr geheiratet? Sie war immerhin erst dreißig.

B: Nein, hat sie nicht. Sie war neunundzwanzig und allein mit drei Kindern. Mit neunundzwanzig war ich kaum erwachsen! Es muß für sie sehr hart gewesen sein. Ein heikles Thema für mich. Ich habe Scheu, über meine Mutter zu sprechen, weil ich mir sagen muß, hättest du mal genau gefragt oder besser hingehört, dann könntest du jetzt ihre Meinung wiedergeben.

Mitbekommen habe ich folgendes: Einerseits war sie heilfroh, daß wir in dieser Familie leben konn-

ten, andererseits hat sie sich eben auch sehr unter-
geordnet. Sie hat das, was sie an Sicherheit bekam,
bezahlen müssen. Bei den puritanischen Moralvorstellungen meiner Tante und meines Onkels wäre
es unmöglich gewesen, daß meine Mutter einen
fremden Mann mit in die Wohnung gebracht
hätte, wo doch mein Vater vermißt war und wir
eine offizielle Todesnachricht nie bekommen haben.

M: Ist er nie für tot erklärt worden?

B: Das war für meine Mutter unmöglich. Schon die
Vorstellung, jemanden für tot *zu erklären* ...

M: Sie war ja berufstätig und insofern sehr selbständig.

B: Im Beruf ja und zu Hause insofern, als sie zum
Familienunterhalt beigetragen hat, aber nicht in
ihrem Privatleben.

M: Sie hat im Prinzip überhaupt kein Privatleben
gehabt. Alles, was wir für selbstverständlich halten, hat sie nicht gehabt. Und das, glaube ich, war
bei meiner Mutter, die natürlich in allem wiederum auch ein Kind ihrer Erziehung gewesen ist,
doch durchaus anders. Ich meine, sie machte noch
mit neunzig lange Reisen und fuhr weiß Gott
wohin. Ihre Mutter hat so insgesamt verzichtet.

B: Das ist meine Vorstellung. Vielleicht hat ihre
Kraft nicht für mehr gereicht, als in die Schule zu
gehen, das war ein sehr erschöpfender Beruf, und
in dieses Chaos nach Hause zu kommen, sich in
irgendeiner Ecke für den nächsten Tag vorzuberei-
ten und dann noch zu sehen, was mit ihren Kindern ist. Einfach in dieser Doppelfamilie irgendwie
über die Runden zu kommen.

Sie hatte ja auch nicht die Kraft, mit uns abzu-
hauen. Irgendwann in den fünfziger Jahren gab es

die Gelegenheit – ein Stellenangebot im Ruhrgebiet –, und meine Mutter hat uns gefragt, ob wir wollten. Ich habe ja, meine Schwester und mein Bruder haben nein gesagt. Die wollten nicht von ihren Freunden getrennt sein. Die Mehrheit siegte. Ich glaube, meine Mutter war erleichtert. Und heute lebt sie, seit mein Onkel gestorben ist, mit ihrer Schwester zusammen. Das geht ganz gut. Ich habe das Gefühl, daß meine Mutter jetzt, im Alter, viel angenehmer lebt als früher. Sie reist und hat Zeit, endlich Dinge nur für sich selbst zu tun.

M: Sie sind in Posen geboren. Was muß man sich darunter vorstellen?

B: Eine polnische Stadt in dem Gebiet, das unter deutscher Besetzung Warthegau hieß. Infolge des Hitler-Stalin-Paktes wurden die Baltendeutschen, also auch meine Eltern, Ende 1939 in einer großen Aktion in bestimmte Gegenden Polens umgesiedelt. Wir kamen in ein Haus, in dem kurz zuvor noch Polen gelebt hatten. Dort haben wir gewohnt bis zur Flucht im Februar 1945, da war ich viereinhalb.

M: Das heißt, wenn sie heute in Estland, Lettland und Litauen nationalistisch sind, dann ist das nicht unbedingt ein deutsches Erbe?

B: Nicht als Kopie. Dieser Nationalismus entspringt einer jahrhundertelangen nationalen Unselbständigkeit und Unterdrückung. Die Deutschen, die Russen... die Selbständigkeit der baltischen Republiken zwischen den beiden Weltkriegen war ja nur eine Episode.

Jedenfalls ist ein Urahn mütterlicherseits, ein Orgelbauer, im 18. Jahrhundert von Hamburg nach Riga ausgewandert, und seitdem lebte die Familie dort, in den ersten Generationen Handwerker, später Pfarrer, Ärzte, Chemiker. Die Einzelheiten vergeß ich immer wieder, und von der Vaterfamilie habe ich noch weniger behalten. Dabei hat meine Mutter es mir bestimmt tausendmal erzählt, und es ist ja an sich eine interessante Geschichte, schon wegen der kulturellen Berührungen. Der älteste Bruder meines Vaters diente noch als Kavallerist in der zaristischen Armee, in der Verwandtschaft mütterlicherseits war irgendjemand Gutsverwalter eines Fürsten Romanoff. Aber mich haben weder die Fürstenhäuser noch die Altvorderen interessiert, daher weiß ich diese Dinge nur ganz ungefähr und habe eher ein Nullverhältnis zu meinen Wurzeln. Vielleicht kommt das aus meiner Opposition gegen den ausgeprägten baltischen Traditionalismus mitsamt seiner Schwäche für Abstammungsfragen und Verwandtschaftsverhältnisse.

Aber zurück zu Posen. Meine Mutter ist mit uns dreien und meiner kranken Großmutter in einem der letzten Züge geflüchtet. Mein Vater blieb zurück. Mein letztes Bild von ihm ist, wie er in Uniform auf dem Bahnsteig steht. Bald kam keine Nachricht mehr von ihm. Er galt als vermißt. Wir haben erst sehr spät über das Rote Kreuz erfahren, daß er noch in Posen im Lazarett gestorben sein soll.

Wir kamen, wie gesagt, nach Halle. Ich bin in einer Großfamilie aufgewachsen, acht Kinder, drei Erwachsene. Meine Tante versorgte den Haushalt, meine Mutter arbeitete als Lehrerin, und mein Onkel, der Jurist, Professor für Kirchenrecht war, bekam einige Zeit nach seiner Entlassung eine Stelle in einer Bibliothek.

M: War Ihr Onkel ein Nazi?

B: Mitglied der NSDAP und im Grunde ein Deutsch-Nationaler. Die Nazis waren ihm zu sozialistisch und zu plebejisch.

M: Also die Nazis waren ein bißchen unter seinem Niveau, aber das deutsche Herrenrassentum konnte er gut mitmachen?

B: Ich denke, ja. Und den Antisemitismus auch. Diese dumpfe Mischung aus Haß oder zumindest Abneigung, Neid, Unterlegenheitsgefühlen, die mit Erfahrungen begründet wurde: daß diese Juden sich überall breitmachten, Fremde, die »nicht zu uns paßten«.

M: Das hat er also nach dem Krieg noch so geäußert? Haß auf die Juden, etc.?

B: Eben diese Mischung, eine hartnäckige Aversion. Wenn wir aus der Schule kamen mit den neuen Wahrheiten und Gespräche vom Zaun gebrochen haben.

M: Ich weiß nicht, ob das hier möglich gewesen wäre. Ich glaube, das hätte hier kein Mensch mehr gewagt.

B: Öffentlich passierte das auch nicht, aber zu Hause. Um den Kindern klarzumachen, daß sie gar nicht verstanden, was gewesen war, und sich deshalb auch kein Urteil anmaßen konnten. Der Antisemitismus ist ja nicht mit dem Zusammenbruch des Dritten Reiches schlagartig erloschen.

M: Das ist schon phänomenal, denn ich glaube, selbst in der Familie wurde kaum noch vertreten, daß man die Juden zu Recht umbringen durfte.

B: Dieser Satz, wir hatten das Recht dazu, wurde bei uns nie ausgesprochen. Ich glaube nicht einmal, daß er gedacht wurde. Worum es ging, war die Abwehr von Schuld durch das Nennen »verständlicher Gründe« für Handlungen, die mit den verinnerlichten christlichen Geboten kollidierten.

M: Gab es bei ihnen auch Entnazifizierungen?

B: Ja, kräftig. Zum Beispiel waren die Enteignungen zwischen 1945 und 1949, also vor der Gründung der DDR, Maßnahmen der Entnazifizierung. Es wurden – wie es immer hieß – Nazis und Kriegsverbrecher enteignet.

M: Das war also vergleichbar, obgleich es bei uns schon sehr viele sogenannte Seilschaften gab, die sich gegenseitig dabei gestützt und geschützt haben.

B: Das war in der sowjetischen Besatzungszone weniger gut möglich. Die Entnazifizierung betraf auch Leute im Hochschuldienst, in der Verwaltung, je nach dem Grad ihrer Belastung.

M: Aber Ihr Onkel bekam wieder eine Stelle?

B: Mein Onkel war zwar Mitglied der NSDAP, aber nicht sonderlich profiliert, ein Mitläufer. Er bekam also eine Stelle in der Universitätsbibliothek, wo er dann Inkunablenforschung betrieben hat. Er war ein gebildeter Mann und hatte ein erstaunliches Gedächtnis. Das habe ich immer an ihm bewundert. Aber ich erinnere mich auch an heftigen Kampf und Streit. Das finde ich im Rückblick wiederum gut, daß er sich mit so kleinen Kindern, wie wir es waren, wirklich auseinandergesetzt hat.

M: Wie sind Sie dazu gekommen, Romanistin zu werden?

B: Ich wußte zwar, daß ich studieren wollte, nur nicht genau: was. Ich war in Halle auf einer Oberschule, an der es einen altsprachlichen Zweig gab, und habe Latein und Griechisch gelernt. Die meisten aus meiner Klasse studierten dann Medizin. Mir schwebte irgendwas mit Sprachen vor: um in die weite Welt zu kommen. So wollte ich mit vierzehn/fünfzehn Missionarin werden. Später dachte ich an Arabistik oder Indologie, aber dafür gab es keine freien Studienplätze. Ich habe nach dem Abitur ein Jahr in einer Maschinenfabrik gearbeitet, dann in Leipzig Romanistik studiert. Anschließend bekam ich ein Promotionsstipendium, zwar ein sehr niedriges, aber ich war glücklich, denn mein größter Horror war, in irgendeiner Institution, einem Übersetzungsbüro oder so, Tag für Tag um sieben oder acht Uhr anfangen zu müssen. Was das für eine Härte ist, hatte ich in der Fabrik kapiert.

M: Obwohl Sie die Tochter eines Akademikers waren, konnten Sie Abitur machen und studieren? Es hieß doch immer, daß solche Leute das nicht durften.

B: Ein solches Verbot gab es nicht, aber Schwierigkeiten, sicher auch total unterschiedlich, je nachdem, mit wem man es gerade zu tun hatte. Bei uns kostete es einige Kämpfe, und wir hatten bewegte Zeiten, wenn mal wieder jemand so weit war, daß er/sie auf die Oberschule sollte. Es gab auch Zurückstellungen und Ablehnungen, aber mein Onkel hat sich dann beschwert, und letztendlich ging es. Wir haben alle Abitur gemacht und studiert.

M: Und alle acht Kinder sind nicht aufgrund einer SED-Mitgliedschaft zur Oberschule und zum Studium gekommen?

B: So ist es.

M: Das wurde hier absolut sicher behauptet.

B: Das kann man behaupten, wenn es eine Grenze gibt, die es den Leuten erschwert, sich an Ort und Stelle von den Verhältnissen zu überzeugen.

M: Und wie haben Sie erfahren, wo Sie Romanistik studieren konnten?

B: Mein Onkel, der ja seinen Professorentitel behalten hatte, schrieb nach Leipzig an Werner Krauss, quasi von »Kollege« zu »Kollege«, und erkundigte sich nach meinen Studienmöglichkeiten. Er bekam einen höflichen Brief zurück, in dem stand, daß ich eben Abitur in Französisch machen müßte und mich dann bewerben könnte.

M: Das konnte man also, Abitur machen in Französisch?

B: Ja. Meine Schwester, zum Beispiel, war in einem Französisch-Zweig. Aber was die in vier Jahren gelernt haben, war wenig. Immerhin konnte ich es in einem Jahr Privatunterricht neben der Fabrikarbeit nachholen.

M: Bei ihrer Kritik klingt an, daß Sie untergründig das Gefühl haben, das, was man uns beibrachte, überhaupt das Bildungssystem, war nicht besonders gut, im Westen war es besser.

B: Mit der Vorstellung, daß im Westen alles besser ist, bin ich aufgewachsen, aber ich habe sie, glaube ich, nicht auf die Schule angewandt, also nicht das Gefühl gehabt, unser Unterricht wäre schlecht – bestimmte Lehrer, ja, zum Beispiel unsere Russischlehrerin, und das Fach Staatsbürgerkunde war indiskutabel, Geschichte zum Teil auch. Aber insgesamt... überhaupt erscheint es mir viel zu einfach, und damit eben falsch, zu sagen, in der DDR wurde weniger gelernt als in der BRD.

Meiner Freundin, die in den achtziger Jahren Schulpsychologin in Kreuzberg war, ist damals aufgefallen, daß die Kinder aus der DDR, das heißt Kinder von wie auch immer Ausgereisten, in den naturwissenschaftlichen Fächern im Vorteil waren und sich besser konzentrieren konnten, aber größere Schwierigkeiten hatten, eine Meinung zu vertreten, sich in Diskussionen durchzusetzen. Systematische Vergleiche zwischen den beiden Schulsystemen stehen meines Wissens noch aus. Wenn

34

bisher verglichen wurde, dann aus handfesten ideologischen Interessen, um die Überlegenheit des eigenen Systems zu beweisen, jedenfalls auf der Seite, die ich kenne. Jetzt schlägt es gerade um ins Gegenteil.

M: Ja, aber sie schlucken es auch alle in der Ex-DDR. Ich habe das Gefühl, sie lassen sich so schnell fertigmachen. Sie gucken gar nicht genau hin. Aber darauf kommen wir später, ich würde jetzt gern noch ein bißchen bei Ihrer Familie bleiben. Wenn ich mir das so anhöre, Ihr Onkel war ein Nazi, hat aber trotzdem nach dem Krieg ziemlich schnell wieder eine Stelle gefunden, die man als gut bezeichnen muß, wo er immerhin geistig arbeiten konnte, dann komme ich zu dem Schluß, daß das mit den Schikanen, von denen uns unentwegt erzählt wurde, alles nicht stimmte. Eigentlich hätte Ihr Onkel doch Angst haben müssen, daß seine Kinder oder seine Nichten und Neffen, denen gegenüber er aus seinem Antisemitismus keinen Hehl machte, das in der Schule oder sonstwo rumerzählen?

B: Ob es uns ausdrücklich gesagt wurde oder nicht, wir begriffen ziemlich bald, was wir in der Schule erzählen konnten und was nicht oder welchen Lehrern auf keinen Fall. Die Übung in Vorsicht, Taktieren, Doppelgleisigkeit begann beizeiten. Selbst beim deutlichen Gefühl, daß es etwas Böses ist, antisemitisch zu sein, hätte ich meinen Onkel nicht verraten.

M: Aber in der Nazizeit haben die Kinder scharenweise ihre Eltern verraten.

B: Aber nicht bewußt, oder? Aus Blödheit oder Naivität?

M: Nein, weil sie absolut identifiziert waren mit

den Nazis und Hitler. Und das waren sie in der DDR eben nicht.

B: Das trifft gewiß auf die Mehrheit zu, auf meine Familie zweifellos. Und wenn ich mich an die häuslichen Diskussionen damals erinnere, spielte der Antibolschewismus eine viel stärkere Rolle als der Antisemitismus.

M: Es gab ja auch keine Juden mehr, die waren umgebracht oder weg.

B: Und die Russen gaben einen erlebbaren Anlaß.

M: Wie haben Sie denn den Bau der Mauer erlebt?

B: Wir waren in den Ferien, an der Ostsee. Ich habe stundenlang geheult. Nicht so sehr aus politischer Empörung, sondern weil Westberlin nun abgeschnitten war, die glänzendere Welt, und Paris, wohin ich so bald wie möglich fahren wollte. Ich weigerte mich absolut, mir vorzustellen, daß diese Mauer stehenbleiben würde.

M: Da waren Sie einundzwanzig und saßen nun da. Das war zwar einerseits schrecklich, aber bis dahin lief ja alles ziemlich glatt: Abitur, Studium, ein Jahr Fabrik, ich meine, hier müssen doch die Leute oft jahrelang warten auf einen Studienplatz wegen der Überfüllung der Universitäten.

B: Ich glaube, im August 1961 hätte ich lieber im Westen auf einen Studienplatz gewartet, und sei es jahrelang. Aber was das Glattgehen der Ausbildung betrifft: Ich habe Glück gehabt. Es gab ja genügend andere Fälle. Und weil ich Glück hatte, fiel es mir nicht schwer, das schulische Förderungsprinzip – nicht nur nach Leistung, sprich Zensurendurchschnitt, sondern eben auch nach sozialer Herkunft – zu akzeptieren. Daß Arbeiter- und Bauernkinder demgemäß bevorzugt wurden, fand ich nur gerecht.

M: Vor allem, weil es bisher immer andersrum war. Es war ja auch nicht so total, wie man es uns immer weismachen wollte. Sie haben eben auch studieren können. Uns ist doch beigebracht worden, daß die armen, armen Bürgerkinder in der DDR, die armen Akademikerkinder sich ganz klein machen müssen.

B: Das ist natürlich Unsinn. An der Oberschule, in diesem altsprachlichen Zweig, waren mindestens zwei Drittel aus meiner Klasse bürgerlicher oder, wie es so schön hieß, sonstiger Herkunft, Kinder von Ärzten, Lehrern, Ingenieuren, auch Pfarrern. Und die drei mit der größten Klappe in meinem Studienjahr waren zwei Bürgerkinder und ein Arbeiterkind. Die Geschichte der Repressionen, der geistigen Unterdrückung in der DDR ist wirklich komplizierter, zudem schlimm genug, als daß man sie durch so plumpe Klischees von Klassenherrschaft vergröbern müßte.

Die doppelten Opfer

M: Ich wüßte gern, und das scheinen sich DDR-Bürger am schwersten entlocken zu lassen, was zum Beispiel positiv an diesem Staat war. Im Moment hat man den Eindruck, als ob einer ganzen Nation das Rückgrat gebrochen wäre, und daß alles nur schrecklich und verdammenswert war.

B: Sehr stabil kann es nicht gewesen sein, dieses nationale Selbstbewußtseins-Rückgrat. Stolz auf die DDR-Gesellschaft, wer brachte den zustande? Neben der Mangelerfahrung, dem internen Frust, existierte immer auch der Vergleich oder die Vergleichsmöglichkeit mit dem anderen Deutschland, das freier, reicher, besser angesehen war.

M: Aber wir waren doch bei Gott auch nicht angesehen. Sobald wir über die Grenzen in den Westen gingen...

B: Bei uns war das Erlebnis elementarer: Unser Geld war nichts wert. Die vielzitierten Aluminium-Chips. Also dieses Erlebnis – gespart zu haben, mit seinem Trabi ans Schwarze Meer auf einen Zeltplatz zu fahren, um dann die Neckermann-Reisegruppen am Strand zu sehen und in den guten Hotels und zu erleben, daß diese Deutschen anders behandelt wurden, eben wegen ihres Geldes. Die sowieso ziemlich papierene »brüderliche Verbundenheit« mit den anderen Ostblockländern bekam spätestens da den Rest.

M: Sie haben deswegen ja auch die D-Mark gewählt. Das war einfach nur das Geld, denn was
Achtung anbetraf, die hatten sich die Deutschen
im Westen ja mit ihrem Holocaust völlig verspielt.
Sie hatten nur noch das Geld. Und vom Osten aus
gesehen war man dann auch zu allem Überfluß
noch der arme Bruder und die arme Schwester.

B: Aber jetzt zu der Frage, was war denn nun
positiv an diesem Staat. Da druckse ich auch
herum. Die sicheren Arbeitsplätze, die niedrigen
Mieten, Strompreise, Fahrpreise etc., die Kinderkrippen und Kindergärten, die Ferienheime, die
Kulturhäuser, Jugendklubs, Betriebsbibliotheken,
die Polikliniken, die garantierten Ausbildungsstel-
len für Lehrlinge, der polytechnische Unterricht...
Es läßt sich vieles aufzählen, aber an jedem Punkt
mit der Einschränkung: das war gleichzeitig auch
negativ. Es hat zu Verschwendung, Verfall, Zerstörung der Umwelt geführt, es hat so funktioniert,
daß Mündigkeit, Kreativität, Individualität, Durch-
setzungsvermögen, Initiative, Sinn für Werte und
Qualität, Geschmack undsoweiter verkümmert
oder verkommen sind.

Hinzu kommt – und das ist für mich entscheidend –
daß die, wie es immer hieß, »gesellschaftlichen
Errungenschaften« als Verfügungen und Geschenke von oben kamen, zu unser aller Wohl,
somit der Entscheidung des Einzelnen, der kriti-
schen Diskussion, der Entwicklung von Alternati-
ven schlicht und einfach entzogen waren. Eine
ständige Bevormundung, flankiert von flächen-
deckender Überwachung. Das ist die Konsequenz
einer Politik, die die Menschen zu ihrem Glück
zwingen will.

M: Man sagt hier doch, daß zumindest jeder

zweite irgendwie mit der Stasi gearbeitet hat, stimmt das?

B: Ich nehme mal mich als Beispiel. Was während all der Jahre an meinem Akademie-Institut nicht möglich war, ging plötzlich, nachdem ich freiberufliche Autorin geworden war. Ich konnte zu Vorträgen oder Lesungen in den Westen fahren. Diese Reisen galten als Dienstreisen, ich mußte sie beim Kulturministerium beantragen und hinterher einen Bericht schreiben, wie wortkarg auch immer, in neunfacher Ausfertigung. Dabei war mir klar, daß eine oder mehrere Kopien an die Stasi gingen. Insofern war ich eine Informantin der Stasi, und so gesehen hat auch jeder Lehrer, der Beurteilungen schrieb, jeder Betriebsleiter etc. die Stasi informiert.

M: Aber es gibt ja nun einen großen Unterschied zwischen Information und Denunziation.

B: Ich denke, daß es auch unter den inoffiziellen Mitarbeitern ...

M: ... Gehörte de Maizière dazu?

B: Es sieht so aus ... viele gab, die versucht haben zu berichten, ohne Schaden anzurichten, ohne zu denunzieren, etwa so, wie de Maizière es für sich in Anspruch nimmt. Das war sicher schwierig, aber es konnte unter Umständen gelingen. Trotzdem bleibt eine solche Mitarbeit ein Arrangement mit denen, die unterdrücken. Und es bleibt eine Tatsache, daß ein Mensch, selbst wenn er unter Druck gesetzt wird, nein sagen kann.

M: Da kommen wir dann natürlich wieder zu dem Punkt, wie einem das Rückgrat gebrochen wird. De Maizière ist als überzeugter Christ niemand gewesen, der anderen schaden wollte, war aber trotzdem Informant. Und wenn der jetzt Stellvertreter des Bundeskanzlers ist, dann ist vollkommen klar, daß Kohl mit ihm machen kann, was er will. Das sind dann die Folgen.

B: Und die gehören auch in das Bild unserer nationalen Einigung. Daß die Euphorie rasch verflogen ist, liegt in der Natur der Sache, solche Gefühle halten sich eh nicht lange. Aber wer hat mit diesem Ausmaß an Fremdheit und sogar Aversion gerechnet, die seither zu spüren sind? Ich denke, wenn etwas tabuisiert worden ist zugunsten der Einigungsidee, dann eben die reale Uneinheit der Menschen eines Volkes, das in zwei höchst unterschiedlichen Gesellschaften gelebt hat. Unsere kulturellen und historischen Gemeinsamkeiten sind durchkreuzt von unseren unterschiedlichen Lebensformen und ihrem Einfluß auf die Mentalitäten. Und diese Fremdheit zu berühren, ich meine: sie wirklich anzusehen, sie zuzulassen, das ist schwierig, es schmerzt auch.

In der Vergangenheit gab es wenig Umgang miteinander, nicht aufgrund irgendeines Tabus, sondern wegen einer handfesten Grenze. Allerdings war im offiziellen Denken der alten DDR – und das hat zweifellos auch auf die »Privatmeinungen« eingewirkt – die deutsche Wiedervereinigung tabuisiert. Sie war einfach kein Thema, je länger die Mauer stand. Realität, auch in die Zukunft projiziert, war eben, daß es zwei Deutschländer gab, als Folge eines Krieges, den Deutschland angefangen und verloren hatte.

M: Im Grunde hat man hier zwar dauernd von der Einheit geredet, aber man wollte sie gar nicht. Man hat gedacht, genau, wie Sie gesagt haben, die zwei Blöcke müssen bleiben, die sind die Folge und unsere gerechte Strafe, und dann hat man höchstens noch gedacht, wie gut, wie gut, daß wir in diesem Teil sind. Natürlich wurde jeder primitive Antikommunismus von uns abgelehnt, und die Idealisierung des Kapitalismus genauso. Natürlich wußten wir, daß es da drüben keine Gedankenfreiheit gibt und nicht sehr viel Raum für begabte Persönlichkeiten und Andersdenkende, aber im Grunde waren wir genauso überrascht darüber, daß aufgrund der Gorbatschowschen Politik alles zusammenfiel.

Nur, um nochmal auf das Geld zurückzukommen. Mit Geld kann man ja wirklich viel machen, obgleich es natürlich ein Stück Oberfläche bleibt. Darunter sind wir alle Menschen mit einem komplizierten Innenleben. Ein einigermaßen stabiles Selbstbewußtsein kann man wirklich nur aufbauen, wenn man ganz genau überlegt, was war, was ist in mir vorgegangen, was habe ich erlebt, also die Situation so offen wie möglich, so detailliert wie möglich, so aufrichtig wie möglich zu sehen.

Das betrifft gerade auch die Westdeutschen mit ihrer ewigen Verdrängung der Vergangenheit, ihren Lippenbekenntnissen, ihrer Mark und ihrer unentwegten Beschäftigung mit Neuverdienen, Mehrverdienen. Nur mit Nachdenken über das, was war, und was ist, wird so etwas wie Rückgrat wieder aufgebaut werden können. Andere Chancen haben wir nicht. Geld übertüncht nur, auch wenn darauf sämtliche Menschen auf dieser Welt reagieren.

B: Ja, nachdenken, ein Bewußtsein von sich selbst erlangen und nicht das, was man oft mit Selbstbewußtsein meint, dieses aufgeblähte Gefühl »ich bin wer«. Die Leute, die das zu tun versuchen, was Sie eben beschrieben haben, die knicken auch nicht ein. Die sind vielleicht traurig über das, was passiert, sie sind meinethalben in einer Minderheit, nicht durchsetzungsfähig, ziehen sich zurück, aber sie bleiben insofern intakt, als sie jetzt nicht auf einmal so tun, als hätten sie vierzig Jahre nicht gelebt.

M: Wie hat man sich eigentlich in der DDR mit der Nazi-Vergangenheit auseinandergesetzt?

B: Die DDR-Kommunisten kamen zum großen Teil aus dem Widerstand, hatten in Zuchthäusern oder KZs gesessen, in der Emigration gelebt, kurz, die Repräsentanten der DDR waren Antifaschisten. Das hat die offizielle Auseinandersetzung geprägt. Und es gab die Sowjetunion, unsere kommunistische Besatzungsmacht, deren Völker unter den Deutschen entsetzlich gelitten haben. In der DDR ist der Holocaust nicht verschwiegen worden, aber vor allem ging es doch um die Verbrechen der Deutschen im Krieg gegen die Sowjetunion.

M: Was die Vergangenheit anbetrifft, gab es eine eindeutig moralische Überlegenheit in der DDR, wenn man Stalin mal beiseiteläßt. Außerdem hätte doch auch Stalin nie für möglich gehalten, daß Hitler ihn derartig betrügen würde. Daß er ihn plötzlich angreifen und zwanzig Millionen Russen umbringen würde. Das hat natürlich eine große Rolle bei ihnen gespielt. Es gab ja wirklich keine oder doch kaum Nazis in der Regierung, und bei uns waren wahrscheinlich die meisten Ex-Nazis.

B: In der sowjetischen Besatzungszone wurde durch die Entnazifizierung ein Schnitt gemacht. Es war eine harte »Säuberung«, der die Umerziehung im Geiste der »antifaschistisch-demokratischen Ordnung« folgte. Nur geschah das unter dem Zeichen des Stalinismus, dessen Verbrechen totgeschwiegen und nach dem XX. Parteitag der KPdSU (1956) mit der Verurteilung des »Personenkultes« zugedeckt wurden. Bis ans Ende der DDR ist offiziell nie die Wahrheit über Stalin und die unter Stalin begangenen Verbrechen gesagt worden. Diese Nichtauseinandersetzung mit dem Stalinismus ist eine moralische Schuld mit schweren politischen Konsequenzen. Niemand hat dem Sozialismus mehr geschadet als die Kommunistischen Parteien mit ihrer Unfähigkeit zur Selbstkritik. Dagegen konnte, salopp gesagt, der Trumpf des Antifaschismus nicht mehr ausgespielt werden.

M: Ohne Aufrichtigkeit geht es eben nicht, gibt es keinen Anstand, keine Menschlichkeit. Obgleich die Sozialisten so viele moralische Vorteile hatten in der DDR. Sie waren wirkliche Antifaschisten, und sie waren für die Idee der Menschlichkeit, die der Sozialismus mit seiner Gleichheit und Gerechtigkeit ja verkörpert. Aber sie hätten natürlich die gleiche Kritik da ansetzen müssen, wo wieder Unmenschliches passierte, und das haben sie versäumt, das war die große Katastrophe.

Es ist eben sehr schwer, an allem zu zweifeln, von dem man hoffte, das es bessere menschliche Verhältnisse schaffen würde, aber man muß es leider Gottes. Man kann nicht, wenn angeblich für Menschlichkeit gekämpft wird, weggucken, wenn gleichzeitig Unmenschliches passiert. Es gehört eine unglaubliche Überwindung dazu, ich weiß. Man möchte auch mal innerlich Ruhe haben, man möchte Freunde haben und wissen, daß man mit diesen Freunden für etwas Gutes kämpft. Und plötzlich sieht man, daß diese Freunde, alles aufrichtige Antifaschisten, gleichzeitig in den eigenen Reihen die Augen zumachen.

Es ist wahnsinnig schwer, so etwas dauernd und immer wieder mitzuvollziehen. Besonders, weil man diesen Nazinachfolgern in Deutschland, die nichts wissen wollten und immer wieder alte hierarchische und autoritäre Strukturen fortsetzten, dann nicht hätte sagen können, hört mal, es gibt auch andere, so braucht man nicht zu sein. Aber es hilft nichts, auch das hätte man kritischer beobachten und in Frage stellen müssen. Die genaue Wahrnehmung muß man vor alle anderen psychischen Bedürfnisse stellen. Das kostet ohne Zweifel immer wieder Selbstüberwindung. Darf man denn nicht einmal mit gemeinsamen Freunden einer Meinung sein und gegen gemeinsame Feinde kämpfen? Man darf es nicht, zumindest nicht blind.

B: Das kenne ich gut, diesen ewigen Widerspruch. Einerseits das Verlangen nach Zustimmung, Übereinstimmung, nach einer festen Überzeugung, die ich mit andern teile. Andrerseits das Zweifeln und Infragestellen, dabei das Gefühl der Bodenlosigkeit und einer großen Schwäche, 1973, als ich in die SED eintreten wollte – das habe ich ja schon erzählt –, war so ein Punkt, da habe ich mir gesagt: Jetzt ist Schluß mit dem einerseits-andrerseits, du machst mit und basta. Ich bin heute noch dankbar, daß es nicht dazu gekommen ist.

M: Es ist ein Weg zwischen Scylla und Charybdis. Aufrichtigkeit und genaues Hingucken, auch bei seinen Freunden und vor allem bei sich selber. Das ist dann sehr schnell verbunden mit Zynismus und Relativismus. Dann gibt es nichts mehr, woran man sich halten kann. Dazwischen die Grenze zu sehen und das durchzuhalten ist wirklich schwer. Wenn Sie so wollen, war das vielleicht mein Schicksal. Ich hatte Eltern aus zwei verschiedenen Nationalitäten, und der einzige Feind meines Vaters war Deutschland, das immer versuchte, sich einen Teil Dänemarks einzuverleiben, und andererseits war da meine deutsche Mutter, die preußisch und bismarck-identifiziert war, die ich aber sehr liebte. Und obgleich ich darunter gelitten habe, nie eindeutig auf dieser oder der anderen Seite sein zu können, hat es mich geprägt. Fast könnte man ja sagen, daß es wunderbar und entsetzlich zugleich war unter Hitler, weil er eindeutig ein Verbrecher war und man eindeutig Partei gegen ihn und seinesgleichen beziehen konnte.

Ich konnte aus vollem Herzen hassen und mich total mit der dänischen Widerstandsbewegung und überhaupt mit den Anti-Nazis identifizieren. Aber so war es auch nur für kurze Zeit, nur bis zum Ende des Krieges. Dann wurde zum Beispiel jedes dänische Mädchen – die hießen damals in Dänemark Feldmatratze –, das sich in einen deutschen Soldaten verliebt hatte, verfolgt, durch die Straßen gejagt und gedemütigt. Das war dann auch wieder unmenschlich. Und deswegen muß man aus der Vergangenheit lernen und sich für das Menschliche aber auch für das Opfer einsetzen. Jetzt im Golfkrieg haben wir doch manches Ähnliche erlebt. Viele Deutsche waren hingerissen von diesem Krieg und fühlten sich feige, weil sie nicht auch noch auf dieses arme siebzehn Millionen Volk, auf dieses Entwicklungsland, einschlagen konnte.

B: Aus den Medien konnte man diesen Eindruck gewinnen. Aber die Reaktionen der Menschen, die Demonstrationen – ich habe in Ostberlin nicht die Spur von Hingerissensein bemerkt. Vielleicht waren die Reaktionen in Ost und West mehrheitlich doch verschieden. Ohnehin sind die meisten Ex-DDRler absorbiert von ihren eigenen Problemen, und unsere Einbindung in den Westen ist so frisch, daß eine Identifikation mit der von den USA dominierten »Völkerfamilie« und mit der »besonderen Verantwortung Deutschlands« in diesem Verbund noch gar nicht entstehen konnte.

M: Horst-Eberhard Richter hat dazu geforscht. Er hat einiges davon erzählt, als wir kürzlich zusammen in einer Talk-Show in Baden-Baden über das Thema »Haß und Angst« diskutierten. Er hat dabei festgestellt, daß man im Osten insgesamt diesem Krieg sehr viel kritischer gegenüberstand.

B: Ich möchte kurz auf die Frage nach der Auseinandersetzung mit der Nazi-Vergangenheit zurückkommen. Zum Antifaschismus in der DDR gehörte eine erhebliche Geschichtsverzerrung. Aus meiner Grundschulzeit erinnere ich mich an ein Stalin-Zitat, das uns eingeprägt wurde: Die Hitler kommen und gehen, das deutsche Volk aber bleibt. Also diese gesunde Basis, die wechselnde Staatsformen erträgt und der der Nationalsozialismus aufgezwungen wurde.

Man hat die Dimitroffsche Definition übernommen, das heißt den Faschismus als Diktatur des Kapitals rein ökonomisch erklärt, und die gesamte sozialpsychologische, die reale Basis ausgeklammert, somit die Tatsache vertuscht – wobei ich glaube, die DDR-Führer mußten das mühsam verdrängen –, daß Hitler von einer Mehrheit gewählt und bejubel worden ist. Diese Lüge hat von Anfang an eine aufrichtige, selbstkritische Auseinandersetzung mit der Vergangenheit verhindert und einen fatalen Ausweg eröffnet. Wir konnten allesamt, sogar noch leichter als die Westdeutschen, in die Opferrolle schlüpfen – ein von einer kriminellen Bande betrogenes Volk.

M: In der DDR hatten sie aufgrund der Fluchtmöglichkeit, die ihnen von ihrer antifaschistischen Regierung eingeräumt wurde, die moralisch auf der guten und richtigen Seite war, die offizielle Erlaubnis zu verdrängen, daß sie alle Hitler mitgewählt haben. Das muß man schon berücksichtigen, wenn man an die heutige Situation denkt. Sie haben noch perfekter verdrängt als die Westdeutschen. Und sie konnten gleichzeitig, quasi in einem Aufwasch, gemeinsam mit den DDR-Machthabern, die stalinistischen Verbrechen mitverdrängen.

B: Das muß man, denke ich, differenzien. Der Gulag war nicht im eigenen Land. Man mußte nicht »übersehen«, daß Menschen aus der eignen Umgebung verschwanden, deportiert wurden. Es ging vielmehr um den Umgang mit Informationen. Die sickerten durch, nach und nach, offiziell immer totgeschwigen oder geleugnet. Und in der Art, wie dieses Wissen auf die Einzelnen gewirkt hat, gab es Unterschiede: Ob man es mehr oder weniger ungerührt hinnahm oder sich bestätigt sah in der Überzeugung, daß die Kommunisten eh Verbrecher waren, oder tief verstört war und nicht mehr fortfahren konnte im Glauben an die gute Sache, oder stur dabei blieb und alles für Verleumdung hielt, oder alle möglichen intellektuellen Tricks anwandte, um den inneren Riß zu reparieren. Aber in welcher Spielart auch immer – alle, die wir mit diesem Wissen gelebt und weiter dazu geschwiegen haben, tragen Schuld und können uns jetzt nicht nur als Opfer gebärden.

M: Womit wir wieder am Anfang sind. Der einiger-

maßen intelligente Mensch konnte das doch erkennen. Diese unglaubliche von staatswegen ge-
lenkte Selbstverdummung, die in der Verleugnung
und Verdrängung besteht. Dieses Wissen einerseits und das gleichzeitige sich aus reinem Selbster-
haltungstrieb dagegen wehren.

B: Und jetzt: immer unschuldig, immer Opfer. Die
älteren DDR-Deutschen sogar doppelt: erst von
den Nazis betrogen, dann von den kommunistischen Antifaschisten. Und wir alle, ganz gleich wie
jung wir sind – betrogen um vierzig Jahre unseres
Lebens.

M: Was stimmt da nicht, Ihrer Meinung nach?

B: Das »wir«. Und dieses Durchstreichen all dessen,
was Leben heißt, auch unter den Bedingungen
eines totalitären Regimes. Damit will ich weder
sagen, daß es keine Opfer gegeben hat, Menschen, deren Leben zerstört worden ist oder die
psychisch so geschädigt sind, daß sie sich ihr Leben
lang nicht mehr davon erholen, noch behaupte
ich, es gäbe keinen Grund, sich betrogen zu fühlen
– um Reisen, die man nicht hat machen können,
um so viele Annehmlichkeiten des täglichen Lebens, um Mitsprache, um persönlichen Entfal-
tungsraum und anderes mehr.
Aber ich wehre mich gegen eine Art der Kritik, die
schon wieder kritiklos ist, weil sie in Bausch und
Bogen alles für schlecht erklärt, was war. Und in
diesem Zusammenhang ärgert mich auch, wenn
eine ganze Gesellschaft sozusagen psychiatrisiert
wird – allesamt deformiert, alles Insassen einer
geschlossenen Anstalt. Für mich ist das eine Karika-
tur, die als solche ja auch etwas Reales trifft und
verständlich ist als Ausdruck von Empörung, Ver-
letztsein, angestautem Frust und dergleichen.

Aber wenn das in aller Ruhe geäußert wird, gewissermaßen als Bestandsaufnahme, wie ich es neulich gelesen habe in einem Gespräch zwischen Rita Süßmuth und Helga Schubert, die erklärt, wir hätten vierzig Jahre in einer psychiatrischen Anstalt gelebt...

Ich kenne Helga Schubert persönlich, sie war mit meiner Schwester befreundet und immer freundlich zu mir. Ich fände es absolut unfair, wenn ich jetzt irgendwelche Vorbehalte, die ich ihr nicht selbst gesagt habe, in einem Gespräch von mir gebe, in das sie nicht eingreifen kann. Mir geht es hier nur um diese Äußerung. Also, wenn ich wirklich das Gefühl gehabt hätte, jeden Morgen in eine Zwangsjacke schlüpfen und Beruhigungstabletten schlucken zu müssen, und ich hätte dann eines Tages, sogar wiederholte Male, aus dieser Anstalt ausreisen können, auch noch mit meinem Mann zusammen, dann wäre ich doch um Gottes willen nicht in meine Zwangsjacke zurückgekehrt. Das kriege ich einfach nicht zusammen. Vielleicht ist das bei Helga Schubert eine Art der Selbststilisierung, die mir gegen den Strich geht, oder pure Naivität – ich versteh es nicht.

M: Sie meinen nicht, daß sie unaufrichtig ist?

B: Das glaube ich nicht. Eher naiv.

M: Bei mir hat sie sich über Christa Wolf beklagt, von der sie sich falsch dargestellt fühlte.

B: Das fand ich auch übel. In »Sommerstück« beschreibt Christa Wolf – nun nicht für jeden, aber wenigstens für die Insider erkennbar – Personen aus ihrer Umgebung, darunter Helga Schubert, und aus einer Nähe, die doch nur zustandekommen konnte, weil es Vertrauen gab und Dinge, die einander anvertraut wurden. Wenn das dann in nicht gerade freundlicher Art literarisch verwertet wird, kann man es ja nun wirklich als Verrat empfinden. Da hilft auch diese Schutzformel nichts, daß die Personen frei erfunden oder Ähnlichkeiten zufällig sind, oder wie immer das heißt. Überhaupt konnte ich mit diesem Buch wenig anfangen. Stellenweise fand ich es sogar peinlich. Ich weiß, daß andere es ganz anders gelesen haben und sehr mögen.

Aber um den Faden wieder aufzunehmen: Ich denke, Sie scheuen sich viel weniger als ich, über andere zu urteilen und damit sich selbst auszustellen.

M: Wir sind Menschen, und als solche können wir uns vielleicht auch gelegentlich mal sehen und müssen uns nicht bei jeder Schwäche, die wir an uns feststellen, immer gleich verachten. Ich denke auch, daß wir toleranter uns selber gegenüber sein sollten. Wir müssen auch mal Urteile von uns geben dürfen, die ganz und gar affektiv sind.

B: Okay, aber ich bin jetzt nicht im Affekt, sondern pingelig, wie des öfteren, und mir geht es um diese Stilisierungen, die die Welt so klar und einfach machen, und da war mein Beispiel eine Äußerung von Helga Schubert.

M: Während einer Radio-Diskussion, die wir nach der Wende in Berlin zusammen mit dem Bischof Forck hatten, sprach sie auch meiner Erinnerung nach von Zwangsjacke und Diktatur und idealisierte den Westen. Diese absolute Trennung in Gut und Böse, das manichäische Denken, Feindbilder und Selbstidealisierungen, das gibt es eben überall. Wir haben es jetzt im Golfkrieg wieder gesehen, wie schnell wir auf die primitivsten psychischen Mechanismen regredieren.

B: So sind wir erzogen worden. Sag mir, wo du stehst, für wen du bist, es gibt keine zwei Wahrheiten.

M: Eben, eindeutige Feindbilder und eindeutige Idealisierungen.

B: Und ich nehme an, daß das von vielen, auch von intelligenten Menschen, tief verinnerlicht worden ist.

M: Furchtbar, und es hat mit der Wirklichkeit nichts zu tun. Insofern ist die Helga Schubert ein rührender Mensch sozusagen, aber ein wenig naiv. Wenn Ihnen dieses Gespräch, die Urteile über gemeinsame Bekannte, unangenehm ist, müssen wir das jetzt auch nicht vertiefen.

Wissen Sie, mein lieber Mann hat auch immer den Klatsch gehaßt. Als er sein Buch »Auf dem Wege zur vaterlosen Gesellschaft« schrieb, hat er sich ursprünglich dagegen gewendet, sich dann aber eines anderen besonnen. Da hatte ich gerade das Buch von Gertrude Stein »Die Autobiografie der Alice B. Toklas« gelesen und war total begeistert. Es geht um die lesbische Geliebte der Stein, die das Buch selber geschrieben hat, und es gibt darin ein ganz wunderbares Kapitel über den Klatsch, also das, was wir jetzt gerade betreiben, das gehört eben einfach dazu. Das bedeutet nicht, daß man das total ernst nimmt, sondern daß man sich auch seine Affekte und Vorurteile erlaubt, die man ja wieder zurücknehmen kann. Das gehört notwendig zu einer lebendigen, mitmenschlichen Gesellschaft, vor allem, wenn man es nicht so furchtbar ernst nimmt, sondern auch ein Stück weit Ironie und Wahrheitssuche darin sieht.

B: Diese Lockerheit fehlt mir, das merke ich auf Schritt und Tritt. Bissig sein, wenn ich mich selber mit einbeziehen kann, das geht. Aber schlecht reden über Abwesende, das tue ich mit Gewissensbissen und Angst davor, daß zur Strafe mit mir genau dasselbe gemacht wird. Als ob sich das verhindern ließe!

M: Ich kann Ihnen nur dieses hinreißende Buch von der Gertrude Stein empfehlen. Mein Mann hat es damals erfreulicherweise mit in sein Buch aufgenommen und erkannt, daß Klatsch notwendig ist. Man darf ihn nur nicht als Vernichtungsmaßnahme benutzen.

    B: Vielleicht ist auch das ein Grund für die Nichtlokkerheit. Wenn man in einer Gesellschaft aufwächst, wo üble Nachrede etwas Schädigendes hat ...

M: Ganz klar, in der Nazizeit war üble Nachrede tödlich. In diesen Diktaturen, wo das manichäische Denken herrscht, da ist Klatsch eine Form von Denunziation. Man muß ihn mehr als öffentliches Spiel, als Möglichkeit einer bestimmten Entlastung seiner Aggressionen, seiner Vorlieben, für alles, wo die Chemie in der Beziehung zu bestimmten Menschen nicht stimmt, ansehen. ›Ich kann die oder den einfach nicht ertragen‹, das muß man einfach mal sagen dürfen. Wenn man solche Möglichkeiten nicht hat beziehungsweise nutzt, dann kann daraus etwas Böses entstehen. Aber in Diktaturen ist Klatsch leider nicht möglich, ebensowenig wie Selbstironie oder andere spielerische Entlastungen von seinen Aggressionen.

    B: Bei uns ist dennoch privat ausgiebig geklatscht worden, wie denn nicht. Aber es gab keinen gesellschaftlichen Umgang damit.

M: Das wäre wirklich interessant, über Klatsch in der DDR zu reden, das ist ein Thema, über das noch nie diskutiert worden ist.

B: Was die Entstehung einer öffentlichen Klatsch-kultur entschieden behindert hat, war die Abge-schlossenheit der Politiker. Über die konnte man gar nicht klatschen, weil fast keine Informationen aus ihrem Privatleben da waren. Wenn man ge-rade mal weiß, daß der und der verheiratet ist und irgendwo wohnt, aber sonst nichts durchsickert, dann fehlt einfach der Stoff, an dem sich die Phantasie entzünden kann.

M: Wie bei dieser blödsinnigen Frau von dem Honecker. Die – wie natürlich auch er – fiel mir immer kolossal auf die Nerven, was wahrscheinlich schon wieder als furchtbar frauenfeindlich ange-sehen wird.

B: Von mir nicht. Ich fand Margot tatsächlich grauenvoll, noch engstirniger und dadurch wahr-scheinlich bösartiger als der Erich. Aber deren Privatsphäre war nicht zugänglich. Erst jetzt wird ausgegraben.

M:Ja, sogar die Pornos von Honecker, die man bei der Durchsuchung seines Hauses gefunden hat und hochspielt. Das ist auch so etwas Lächerliches, daß die Menschen sich nicht selber in Frage stellen und nicht über sich und andere manchmal lachen können.

B: Die Politsphäre war total humorlos. Privat und in den Kneipen wurde gelacht, war es immer ein ganz schlechtes Zeichen, wenn keine politischen Witze mehr erzählt wurden. Übrigens ist ja das Markenzeichen unserer »friedlichen Revolution« ihr Wortwitz.

M: Man muß wohl sagen, daß der Kapitalismus, der oft absolut rücksichtslos und unmenschlich ist, gleichzeitig auch Freiheit im Sinne von Lachen über alles, und sei es über das Bloßstellen der bösartigen Verhältnisse, mit sich bringt, denn die Repräsentanten der Macht kann man ja bis auf's Hemd auskleiden. Insofern geht es wahrscheinlich, was die psychologischen Bedürfnisse angeht, angemessener zu im Kapitalismus.

B: Es muß wohl, sonst würden die Leute ihn nicht so dringend haben wollen.

M: Ja, er ist der menschlichen Psyche im guten und bösen näher als diese totale Unterdrückung, die bei Idealisierungen und gleichzeitigem Verbrechertum herrscht. Das hält sich nicht.

B: Wie man gesehen hat. Und der Fehler steckte schon in der leitenden Theorie, in den Annahmen des Marxismus über die menschliche Natur, über Bedürfnisse und Motivationen und die Wandelbarkeit von Menschen.

M: Marx hatte von Psychologie keine Ahnung. Aber was das Funktionieren der Ökonomie betrifft, war er nicht nur für die damaligen Verhältnisse genial. Marxismus habe ich erst durch Horkheimer und Adorno ein bißchen gelernt. Bei uns war es primär die Psychoanalyse. Den Marxismus gab es ja schon ein Weilchen, und Freud noch nicht so lange. Außerdem ist er weitergeführt worden, sowohl in England wie auch in Amerika.

Wissen Sie, Horkheimer, Adorno, Marcuse, das sind ja Leute, die ich sehr gut gekannt habe, und die in meinem Leben eine Rolle gespielt haben, aber nie die Rolle dieser Psychoanalytiker von damals, die aus Berlin, Budapest, Wien und London kamen. Das war ein unglaublich lebendiges Denken. Dem Sozialismus waren meine Hoffnungen hundertprozentig zugewandt, aber vom Marxismus ging für mich wenig geistige Lebendigkeit aus, obgleich er politisch die menschlichste Idee war.

Für uns waren damals vorwiegend die Intellektuellen Englands und Amerikas, worunter viele Emigranten waren, ein großer geistiger Schub. Wir hatten ständig diese Aha-Erlebnisse, diesen Kick, mein Gott richtig, so ist das. Das war schon einmalig. Und ich könnte mir vorstellen, daß aus Rußland diese geistige Lebendigkeit nicht kam, und von daher wurde die DDR ja beeinflußt.

B: Damals kam sie bestimmt nicht mehr. Vielleicht nach der Oktoberrevolution. Aber der Marxismus mit seiner Fähigkeit, seinem Angebot und auch seinem Anspruch, die Geschichte zu erklären, also ein Instrumentarium zu liefern, mit dem man Geschichte begreifen kann, hatte für viele einen ähnlichen Augenöffner-Effekt.

Ich denke an die Studentenbewegung im Westen, Ende der sechziger Jahre, damals wurde der Marxismus doch geradezu entdeckt. In der Zeit hatte ich zum ersten Mal das Empfinden, daß er für etwas gebraucht wird. Für mich war Marxismus in der Schule nur Lehrmeinung und Ideologie, obgleich ich, wenn ich die Texte las, schon gemerkt hatte, daß sie etwas anderes anboten als dieser Religionsunterricht, den wir bekommen haben, Aber mitzukriegen – wie eben durch unsere Westberliner Freunde, die trotz der Schikanen an den Grenzübergängen herüber kamen –, daß es Leute gibt, die sich für die Theorien interessieren und sie brauchen, das war für mich ein starkes Erlebnis.

Erst damals, da war ich schon Ende zwanzig, habe ich mich von mir aus und mit großem Enthusiasmus mit dem Marxismus beschäftigt, aus eigenem Antrieb das gelesen, was mir vorher stückchenweise verordnet war.

M: Marx hat ja recht, das Sein bestimmt das

Bewußtsein, aber nur partiell, Daran war vieles richtig, aber die Psychologie des Menschen blieb ziemlich ausgespart. Von Psychologie hatte er wenig Ahnung, ich denke auch von seiner eigenen. Wie er schon mit seinen Töchtern umgegangen ist, wie er überhaupt mit seinen Mitmenschen umgegangen ist, das war nicht gerade einfühlend. Und so ist es zwar richtig, Geld regiert die Welt, aber darüber hinaus gibt es noch so etwas wie mitmenschliche Beziehungen, die Art mit sich und anderen umzugehen, die von Geburt an den Menschen prägen. Darüber hat sich Marx kaum Gedanken gemacht, und seine Nachfolger noch weniger. Der »real existierende Sozialismus« war ohne psychologische Einfühlung und deswegen auch ohne Nähe zum »Volk«.

B: Außer in der Kunst, in der Literatur. Da wurde eben nicht nur das »sozialistische Menschenbild« illustriert, Pädagogik im Sinne der Partei betrieben, die Wirklichkeit umgefälscht in das, was sie der Ideologie nach hätte sein sollen – eine permanente Bestätigung dafür, daß sich die Gesellschaft auf einem richtigen Kurs befand und die realen Widersprüche immer besser zu erkennen, zu handhaben, zu lösen vermochte. Wofür dann exemplarische Figuren erfunden wurden, die Helden des sozialistischen Alltags.

Es gab ja eine Menge Bücher, die dieses Schema nicht bedient haben, die Alltagserfahrung zur Sprache brachten und die Diskrepanz zwischen Anspruch und Wirklichkeit, Bücher, in denen es nicht um die Stilisierung von Typen ging, sondern um Subjektivität. Denken Sie an Christa Wolf, an dieses Verlangen nach Authentizität. Sie hat nicht nur beansprucht, »ich« zu sagen, sondern wirklich über sich gesprochen. Dazu gehörte Mut und ein starkes Vertrauen in die LeserInnen: sich sozusagen auf dem Papier auszuliefern als Person, mit der eignen Lebensgeschichte, mit Zweifeln, Schuld, Leiden, Hoffnung, Angst und eben auch mit politischen Ansichten, moralischen Urteilen.

Für mich sind das eigentlich gar nicht die Eigenschaften, die mich an literarischen Texten faszinieren und etwas in mir verrücken, aber ich habe beim Lesen – fast immer – das Gefühl gehabt, diese Stimme ist wichtig, diese Bücher sind wichtig, ja, so ein Gefühl der Sympathie und Hochachtung.

M: Das ging mir genauso.

B: Dabei hat sicher auch Christa Wolf ihre blinden Flecken, über das Thema spricht sie ja öfter, und vielleicht gehört zu ihnen die innere Wirklichkeit, die besonders häufig benannt wird: der Schmerz. Wahrscheinlich habe ich diesen Eindruck, weil ich den beredten Schmerz zwar glauben, aber nicht spüren kann. Ganz anders in Texten, in denen das Wort überhaupt nicht vorkommt, aber beim Lesen zieht sich innerlich alles zusammen und man steckt in diesem Gefühl. So geht es mir mit Kafka, zum Beispiel. Aber, wie gesagt, ich kann den Schmerz glauben und kann es deshalb, weil so viel Aufrichtigkeit in diesen Texten ist, und ich finde es absolut schäbig, eine Art stalinistisches Monster zu machen aus einer Frau, die solche Bücher geschrieben hat.

M: Ich fand das alles unglaublich, völlig daneben und überzogen. Sie ist und bleibt die wichtigste Schriftstellerin der DDR. Gleichzeitig gebe ich zu, daß sie etwas Moralisierendes und Pietistisches haben kann. Ob zum Beispiel Humor bei ihr eine große Rolle spielt, möchte ich bezweifeln.

B: Im persönlichen Umgang ja. Auch in den Texten blitzt manchmal Humor auf. Bei den öffentlichen Auftritten, da umgibt sie schon ein ziemlicher Ernst, eine gewisse Schwere. An christlich-pietistisch habe ich dabei nie gedacht, eher an so etwas wie Hohepriesterin der Literatur. Und das vertrug sich gut mit dieser Botschafterin-Funktion, die sie hatte und über die man ja nur froh sein konnte.

M: Wirklich, und sie hat das mit einem Mut und einer Aufrichtigkeit getan, und deswegen ist es unglaublich, wie sie hier nach der Wende behandelt worden ist. Auch der Reich-Ranicki, dem sie natürlich überhaupt nicht liegt, der sie allerdings nicht jetzt fertiggemacht hat, sondern längst vorher...

B: ... und aus Gründen seines literarischen Geschmacks, nehme ich an. Immerhin gibt es bei dem eine Kontinuität. Er ist nicht erst zu seinen Einsichten erwacht, als es opportun erschien, eine Identifikationsfigur zu demontieren. Als man nicht mehr diese DDR-Rücksichten zu nehmen brauchte, sondern endlich sagen konnte, was Sache ist, abrechnen mit den linksintellektuellen Utopisten und ihrem verlorenen »Spiel mit der Macht«, also zu einer Art Befreiungsschlag ausholen konnte. Wobei eine Abneigung zum Ausdruck kam, die ja schon vorher dagewesen sein muß.

M: Daß jetzt diese opportunistischen Feuilletonisten Christa Wolf und alle Leute, die in einem Zwischenbereich gelebt haben, fertigmachen in dem Sinne: Jetzt sind diese Moraltante und andere endlich dran, die haben uns lange genug ein schlechtes Gewissen gemacht, das bedeutet, daß sie ihr eigenes schlechtes Gewissen auf sie projiziert haben. Die Schuldgefühle, die sie ihnen vermittelt hat, die wollen sie nicht auf sich sitzen lassen.

Das war ja tatsächlich Christa Wolfs Leistung, weswegen ich nicht umsonst gefragt habe, ob sie etwas Pietistisches hat, wie ich es zum Beispiel von meinen Verwandten kannte, die mich mit ihrer Moral einengten. Sie haben mir andauernd vermittelt, dies darf ich nicht denken, das darf ich nicht denken. Sexualität darf ich schon gar nicht haben, etc. So werden diejenigen, die nicht wie ich Christa Wolfs Meinung waren und sie sehr schätzten, erst recht empfunden haben.

Das mit dem Schuldgefühl ist immer ein wichtiger Bestandteil der westdeutschen Psyche gewesen, weil jeder wußte, daß es uns besser ging. Und insofern ist es ganz gewiß nicht nur das Schuldgefühl der Theoretiker und derjenigen, die im Herzen geglaubt haben, daß es so etwas wie Sozialismus eigentlich geben müßte, ohne Gefängnis, ohne Einschränkung, mit allen psychischen und physischen Freiheiten und dem Wissen, daß wir eben Menschen sind, halb gut und halb böse, sondern dieses schlechte Gewissen hatten gerade auch die Antikommunisten, weil sie sehr wohl wußten, wie egoistisch sie waren.

B: Aus Gesprächen mit Freunden hier im Westen habe ich erfahren, daß es doch bei den Linken ein spezifisches schlechtes Gewissen gab. Etwa in der Art: Jeder, der theoretisch für die DDR war und sich vehement öffentlich dafür einsetzte, mußte einfach sagen, sobald er einen Schritt über die Grenze getan hatte, daß er verdammtes Glück gehabt hat, sozusagen auf die Butterseite gekommen zu sein, denn das war nun mal, was die Lebensverhältnisse angeht, der Westen: aber da die DDR gesellschaftlich das Bessere wollte, sollten sie dort auch bitteschön durchhalten, und das bestätigten die Linken aus dem Westen denen von drüben in unregelmäßigen Abständen – und fuhren dann hübsch zurück in die BRD, immer mit Erleichterung und gleichzeitig einem schlechten Gewissen. Ungefähr so.

Ich hatte das schon irgendwie vermutet, und doch hat es mich nachträglich verletzt, wenn ich mir sagen mußte, daß vieles, was Freunde getan haben – daß sie kamen und Bücher mitbrachten oder andere Geschenke –, aus einer Art Schuldgefühl geschah. Obwohl ich es wiederum verstehen kann. Mir wäre es an ihrer Stelle nicht anders gegangen. Vielleicht kommt die heutige Arroganz, oder Haltungen, die wir als arrogant empfinden, aus dieser Quelle – sich jetzt endlich von dem schlechten Gewissen befreien zu können, es nicht mehr nötig zu haben. Die alten Rollen funktionieren nicht mehr, und unter diesem einst Vertrauten kommt nun die Fremdheit hervor. Sicher wurde sie schon früher gespürt, doch wacker verdrängt hinter quasi verwandtschaftlicher Zuwendung einerseits, Dankbarkeit andrerseits.

B: Nachdem die Bewunderung für die Akteure der »friedlichen Revolution« abgeklungen war, ließen sich aus West herbere Töne vernehmen, wurden – nicht »dem« Volk, wohl aber »den Intellektuellen« der DDR die Leviten gelesen und dringliche Aufforderungen zuteil, zum Beispiel nun endlich Trauerarbeit zu leisten. Gemeint war wohl: Schuldeinsicht zu zeigen, über die eigenen Verfehlungen und Fehleinschätzungen zu trauern. Wie steht es, aus Ihrer Sicht, mit der »Unfähigkeit zu trauern – womit zusammenhängt: eine deutsche Art zu lieben«, wie es im ersten Kapitel Ihres Buches heißt?

M: Den Titel »Die Unfähigkeit zu trauern« haben mein Mann Alexander und ich zusammen mit amerikanischen Freunden gefunden. Mit »eine deutsche Art zu lieben« war gemeint, daß die Deutschen nur mit Hilfe von Idealisierungen lieben können. Sie erhöhen das Objekt, und nur dadurch sind sie zur Liebe fähig. Der deutsche Idealismus, deutsche Philosophie und Literatur sind voll davon. Das heißt, wenn sie die Realität des anderen wahrnehmen, die immer eine Mischung aus Gut und Böse ist (zum Beispiel, wenn sie erkennen, daß das Objekt ihrer Idealisierung ein Mensch mit Schwächen und Fehlern ist), dann hören sie auf, ihn zu lieben.

Hitler haben sie – ihren Bedürfnissen folgend – phantastisch idealisiert. Sie konnten gleichzeitig ihre immensen Aggressionen mit Hilfe dieser Idealisierung loswerden. Aggression und Idealisierung sind bei den Deutschen besonders eng miteinander verbunden. Die einen heben sie in den Himmel, entsprechend werden andere verteufelt. Diese Idealisierungen waren im nationalsozialistischen Deutschland mit schrecklichen Männlichkeits- und Weiblichkeitsidealen verbunden.

In der Verliebtheit werden Menschen reuelos zu Verbrechern, hat Freud schon gesagt, und so konnte ein ganzes Volk mit Hilfe seiner »Liebe« zum Führer reuelos die schlimmsten Verbrechen begehen. Die Neigung zu idealisieren hat also eine lange Tradition in Deutschland. Durch die Idealisierung Hitlers ist sie auf ihren perversen Höhepunkt gebracht worden. Das ist die »deutsche Art zu lieben«. Dieses hemmungslose Bedürfnis nach Idealisierung habe ich weder in Dänemark, noch in England oder Amerika erlebt.

    B: Sehen Sie es so, daß sich die von Ihnen für die Nachkriegssituation beschriebene Unfähigkeit zu trauern nun in der Ex-DDR wiederholt, und zwar im Zusammenhang mit wiederum dieser deutschen Art zu lieben?

M: Das kommt darauf an, was noch an Idealisierungsbedürfnis vorhanden ist. Dieses hat ja der Sozialismus nur bei wenigen befriedigen können, und auch nur für kurze Zeit. Oder gibt es in der relativ trostlosen DDR noch viel zu idealisieren?

    B: Schwer zu sagen, was an Idealisierungsbedürfnis da ist. Da war, innerhalb der SED und vor allem bei den Älteren, diese unbedingte Ergebenheit gegenüber der Partei. Das ging nicht ohne Idealisierungen. Die galten aber, zumindest seit der Kritik am stalinistischen »Personenkult«, weniger bestimmten Einzelfiguren als vielmehr der »guten Sache«, sozusagen der Kirche und nicht den Päpsten.

Ich denke, daß diese erschütternde Treue alter GenossInnen selbst dann noch, wenn sie von der eigenen Partei verfolgt wurden, in den jüngeren Jahrgängen so nicht mehr vorkam, daß da ein viel stärkerer Pragmatismus und Opportunismus herrschte. Etwas mit der Begeisterung für Hitler Vergleichbares gab es nicht. Da half auch keine Propaganda. Die meisten Leute, die ich kenne, hatten eine ganz widersprüchliche Einstellung zum »real existierenden Sozialismus«, verbunden oft mit Ironie oder Zynismus, mit Resignation und Ratlosigkeit, mit einem Schuß Hoffnung trotz alledem.

M: Waren das mehr Intellektuelle?

B: In meinem Umfeld, ja. Aber ich bin sicher, daß mehrheitlich, in allen sozialen Schichten, die DDR nicht idealisiert worden ist. Dazu bot sie auch wirklich kaum Anlaß. Ich weiß allerdings nicht, wieviel enttäuschtes Liebesbedürfnis jetzt nach Kompensation verlangt, nach einer nostalgischen Verklärung der Vergangenheit oder nach neuen Idealisierungen.

M: Das weiß natürlich keiner, denn wahrscheinlich wurde Westdeutschland idealisiert, obgleich man Kohl ja nur sehr mühsam idealisieren kann. Das kann ich mir zumindest nicht vorstellen. Das hat ja auch sein Gutes.

B: Selbst mit »Helmut, Helmut« war wohl weniger er gemeint als das, was er repräsentiert. Und doch mag es starke Sympathie für ihn und andere Politiker geben oder gegeben haben, man war in dieser Hinsicht nicht eben verwöhnt.

M: Nein, es gab keine Identifikationsfiguren in der DDR, die man idealisieren konnte, und deswegen denke ich auch, es bleibt beim D-Mark-Patriotismus. Man hat den Wohlstand gewollt, und Wohlstand kann man nicht idealisieren, den kann man wünschen. Natürlich, jeder von uns möchte gerne Geld. Mit Geld können Wünsche befriedigt werden; aber das hat mit Idealisierung wie unter Hitler nichts zu tun. Wohlstand und Konsum stehen auch bei den Westdeutschen im Mittelpunkt ihres Begehrens.

B: Das Einigvaterland ist, denke ich, alles mögliche: ein Grund zur Freude, eine erfüllte Sehnsucht, eine Enttäuschung, etwas ziemlich Abstraktes und damit auch Gleichgültiges, aber ein starkes Ideal doch nicht. Nichts, das die Nation oder wenigstens einen großen Teil derselben beflügelt zu Initiative, Opferbereitschaft, Solidarität. Es ist alles viel nüchterner. Und in dem Teil Deutschlands, in dem die nationale Einigung nun wirklich das Leben der Einzelnen umkrempelt, ist man primär mit dem Zurechtkommen beschäftigt. Wobei alte Unselbständigkeit und Subalternität zusammen mit neuer Unsicherheit und schlichter Unerfahrenheit verbreitet zu diesem Verhalten führen, das als Idealisierung des Westens, als Mangel an Selbstwertgefühl und eigenen Vorstellungen erscheint: im Bild des »häßlichen Ossi«.

M: Die sind alle spießbürgerlich, die sind alle faul, die ahmen alles nach, und gleichzeitig jammern sie immer und wollen nur den Mund aufmachen, in den dann die gebratenen Tauben fliegen sollen. Außerdem sind sie alle Nazis, noch viel fremdenfeindlicher als wir, Polen behandeln sie wie die letzten Menschen und auch die Schwarzen werden dort mißhandelt. Das sind alles Vorurteile, die ich häufig höre. Wir sehen die Ossis, wie wir uns vorstellen, so waren wir während der Nazizeit: kleine, grämliche, graue Menschen, jetzt sogar noch ohne Sieges-Attitüde, die sie immerhin mit ihren wehenden Fahnen unter Erich hatten.

B: Feige haben Sie noch vergessen.

M: Diesen Vorwurf fand ich wunderbar, und der betraf ausnahmsweise mal West- und Ostdeutsche gemeinsam. Es gibt ein schönes Gedicht, »Lob der Feigheit«, dessen Autor ich vergessen habe. Nein, ich war richtig glücklich, daß wir feige waren, wo es um Mord und Totschlag ging, ich fand das toll. Und, das hat Horst-Eberhard Richter jetzt gerade untersucht, die DDR Leute waren noch viel mehr gegen diesen Krieg als die BRD Leute. Das spricht wiederum für die DDR. Gut, sie haben vielleicht hauptsächlich an Geld gedacht dabei, das ist verständlich.

Bei den Deutschen ist immer alles möglich. Vielleicht war meine Hoffnung, die ich kürzlich in einem Artikel für »Emma« ausgedrückt habe, daß wir wirklich etwas aus unserer Vergangenheit gelernt haben, zu optimistisch. Ich glaube aber immer noch, daß ein Teil der Deutschen zur Trauer fähig wurde, daß unsere historische Schuld ins allgemeine Bewußtsein eingegangen ist.

B: Noch etwas zu diesem DDR-Bild, das Sie beschrieben haben. Es setzt sich aus Beobachtungen zusammen, die sich Punkt für Punkt bestätigen lassen: Das alles gibt es. Aber eben nicht nur das und nicht durchweg. Die Einzelheiten sind nicht erfunden, aber das Ganze ist falsch. Vielmehr, es geht eigentlich gar nicht um richtig oder falsch, unter dem Gesichtspunkt von Erkenntnis, sondern um einleuchtend oder brauchbar, unter dem Gesichtspunkt des Umgangs miteinander. Da dienen Pauschalurteile offenbar der Orientierung – man hat sein Bild von den anderen und weiß, woran man ist, solange nicht die nähere Kenntnis, das Eintauchen in die anderen Verhältnisse, der lebendige Kontakt mit Einzelnen dazwischenfunken, denn dann steht man ja nicht mehr diesem fremden Block gegenüber und kann oder muß anderes wahrnehmen als »auf einen Blick«.

Kurz, ich denke, daß die umlaufenden Klischees, gegenwärtig, ein Indiz unserer wechselseitigen Fremdheit sind. Die kann auch zu Idealisierungen führen, wie es »dem Volk« der DDR im Herbst '89 widerfahren ist, oder den Westlern in der ersten Zeit nach dem Fall der Mauer. Jetzt haben wir eine völlig andere Situation, es gibt auf beiden Seiten Grund, befremdet zu sein – vorsichtig ausgedrückt – und dementsprechend zu projizieren: im Rahmen der alten und de facto sehr lebendigen Kollektiveinheiten »wir hier« und »die da drüben«. Dem miesen Bild der grauen Spießbürger im Osten korrespondiert das der arroganten Kolonisatoren aus dem Westen, die sich aufführen, als hätten sie einen Krieg gewonnen. Auch dies stimmt ja irgendwo.

M: Bis vor kurzem war die DDR doch noch ein Staat, der funktioniert hat und immerhin die zehntreichste Industrienation der Welt, und jetzt hört man nur noch, daß alles Schrott ist, daß man alles abreißen muß, daß nichts, aber auch gar nichts übernommen werden kann. Wie geht das zusammen?

B: Der springende Punkt ist doch, daß die DDR-Wirtschaft innerhalb eines geschlossenen ökonomischen Systems funktioniert hat, unter spezifischen Bedingungen, und in diesem Rahmen etwas besser als andere Volkswirtschaften des Ostblocks. Aber eben auch nur so, gewissermaßen unter einer politischen Käseglocke, und nicht nach den Maßstäben internationaler Verflechtung und Konkurrenz auf dem kapitalistisch dominierten Weltmarkt. Anders gesagt, die DDR-Wirtschaft hat funktioniert, also ihre Leute ernährt, unter den Bedingungen einer vergleichsweise geringen Arbeitsproduktivität, eines rabiaten Raubbaus an der Natur, einer hohen Verschwendung von Energie und anderen Ressourcen, eines niedrigen Innovationsdruckes, fehlender oder fehlgeleiteter Investitionen, eines erdrückenden Verwaltungsapparates undsoweiter, mit einem Wort: ineffizient. Ein Beispiel nur. In Mansfeld ist immerzu Kupfer produziert worden, also die Leute haben gearbeitet, der Bergbau dort hat funktioniert und dabei eine Landschaft zerstört, indem die Schlacke den Boden verbrannt hat, und ein Produkt erzeugt, das nur verkauft werden konnte, weil der Staat jede Tonne Kupfer hoch subventioniert hat. Und dies war eben kein Einzelfall.

M: Also man hatte Arbeit, ohne daß diese sehr viel Sinn machte?

B: Ich weiß nicht, in welchem Umfang die Arbeit als sinnlos empfunden wurde. Ich denke, wer Gebrauchsgüter erzeugt oder Häuser baut oder den Boden bestellt, wird seine Arbeit für sinnvoll halten, sofern deren Produkte nicht vernichtet werden, und das war ja nicht der Fall. Ein ständiges Problem waren die Arbeitsbedingungen, die ewigen Pannen im Produktionsablauf, der rigide und schwerfällige Leitungsapparat, das Empfinden von mangelnder Qualität bei eigenen oder zugelieferten Produkten und eben auch der Frust, mühselig Dinge herzustellen oder quasi noch einmal zu erfinden, die anderswo längst besser gemacht wurden.

M: Oder etwas zu produzieren, was nicht verkäuflich weil zu teuer war.

B: Die Sachen wurden ja abgesetzt, auf dem Binnenmarkt und im Rahmen des Comecon oder auf dem Weltmarkt, zu welchen Schleuderpreisen auch immer. Nicht volkswirtschaftliche Rentabilität war die Hauptsache, sondern daß der Plan erfüllt wurde.

M: Wie berichteten denn die Zeitungen darüber?

B: Dort wurde der Zustand der Volkswirtschaft immer verschleiert und beschönigt. Dabei konnte jeder im Alltag die Mängel spüren. Auch unter Leuten, die nichts mit der Produktion zu tun hatten, sprach sich herum in den letzten Jahren, daß die Wirtschaft am Zusammenbrechen war, während oberflächlich gesehen alles weiter lief, mit den gewohnten Subventionen für die Dinge, die einmal zu den Grundbedürfnissen zählten. Das war für die Verbraucher sehr angenehm, aber es wurde teuer bezahlt, mit einer geschädigten Umwelt, verfallenden Städten, einer völlig unzureichenden Infrastruktur, zum Beispiel einem Telefonnetz noch auf dem Stand der dreißiger Jahre.

M: Ich habe einen amerikanischen Bekannten deutscher Abstammung, der Teilhaber einer der größten amerikanischen Banken ist und hier in Frankfurt eine Filiale aufbauen soll. Der sagt, daß schon das westdeutsche Telefonnetz im Verhältnis zum amerikanischen so unzureichend funktioniert, daß in dem Fall, in dem es um schnellen Geldtransfer geht, man täglich große Geldsummen verlieren kann. Westdeutschland könnte nur noch in Europa als Wirtschaftsmacht funktionieren, wo der Standard insgesamt niedriger sei. Aber mit der DDR sei eben überhaupt nichts zu machen. Deswegen kann die Wirtschaft da auch nicht blühen, das scheint vorläufig unmöglich. Also vieles, nicht nur das Telefon, funktionierte offenbar nicht in der DDR.

B: Was aus ökonomischem Systemzwang und darüber hinaus aus Fahrlässigkeit, Dummheit, Sicherheitsneurose, Abschottung gegen Kritik ignoriert worden ist, hat nicht funktioniert. Aber das, was nun mal funktionierte und worüber die Partei gewacht hat, also, daß jeden Tag die Milch da war und der Strom, daß der Müll abgefahren wurde, die Züge verkehrten undsofort, das hat auch noch, als die Partei nichts mehr zu sagen hatte, weiter vor sich hin funktioniert.

M: Es gab also keine dritte Welt Verhältnisse, sondern bestimmte Grundbedürfnisse wurden erfüllt, aber alles, was darüber hinausging passierte nicht. Ich meine, die DDR war weder als Agrarnoch als Industrieland konkurrenzfähig, obgleich die Russen wahrscheinlich sagen würden, was wären wir froh, wenn es uns so gut ginge. Aber die DDR denkt ja offenbar nicht richtig nach, wenn ich das mal so sagen darf, denn niemand hat jetzt gesagt, was absolut nahegelegen hätte, wir haben noch unsere wirtschaftlichen Beziehungen zum Osten, haben dort bisher auch gute Exportgeschäfte gemacht, das geben wir doch nicht so ohne weiteres auf, wie es jetzt passiert ist.

B: Es ist bestimmt nicht so, daß dieses Risiko glatt übersehen wurde. Aber mit der schnellen Währungsunion – und die war ja nicht nur im Westen umstritten – wurde die DDR schlagartig aus dem bisherigen ökonomischen und finanziellen Verbund herausgelöst, konnten, grob gesagt, die alten Kunden die neuen Preise nicht mehr zahlen, mangels harter Währung. Sicher ist auch dieser ganze Vorgang viel verwickelter, konnte man das ökonomische Desaster der DDR-Betriebe nicht in allen Einzelheiten voraussehen, aber im Prinzip war klar, welche Konsequenzen der Wegfall alter Schutzbedingungen und eingespielter Austauschbeziehungen, eben die Öffnung des realsozialistischen Treibhauses, haben würden.

Der schnelle Anschluß wurde aber von den meisten gewollt. Er erschien – und ich denke, das ist auch jetzt noch so, bei aller Enttäuschung, Angst oder Wut – als der sicherste Weg zu Wohlstand und Freiheit. Es ist ein absolut populärer Gedanke, in der DDR noch auf andere Weise erfahrungsgesättigt, als Sie es in »Die Unfähigkeit zu trauern« für die Nachkriegssituation beschrieben haben, dieses: keine Experimente!

M: Das hat doch bereits Adenauer als Wahl-Slogan benutzt. Und jetzt: einerseits keine Experimente, andrerseits die totale Zerschlagung alles Bisherigen.

B: Das ist natürlich ein gewaltiges Experiment, jetzt wird's am eignen Leibe erfahren. Sie können häufig hören: »So haben wir uns das nicht vorgestellt« oder »Uns scheißt es eben immer an«. Die Illusionen, das naive Wunschdenken sind erschüttert, aber der Weg wird deshalb nicht grundsätzlich in Frage gestellt, vielmehr: »Da müssen wir halt durch«. Es wird alles länger dauern als gedacht, doch letztendlich bewegen wir uns auf Verhältnisse zu, wie sie im Westen existieren, auf etwas Bewährtes also und nicht auf die ganz unerprobten Möglichkeiten einer wirklich neuen Gesellschaftsform. Für einen »dritten Weg« gibt es keine Massenbasis. Das hat auch der Appell »Für unser Land« gezeigt, den Stefan Heym, Christa Wolf und andere verfaßt hatten kurz nach der Wende, und der eine Art Plebiszit sein sollte. Einige Zehntausend haben ihn unterschrieben, darunter auch ich, das war's. Die Sache ist gescheitert und nicht nur daran, daß sich der unselige Egon Krenz da lautstark hineingehängt hat. Eine Mehrheit – oder wie es immer so schön heißt: die Menschen in der DDR – haben den schnellen Anschluß gewollt. Auch in der Annahme, daß dann in die Gänge kommt, was von allein nicht stattfand – die Investorenparade. Ich glaube, daß ein begrenztes nationales Pathos gekoppelt war mit einem praktischen Kalkül: Wenn wir zur Bundesrepublik gehören, muß deren Regierung sich ebenso für uns einsetzen wie für die Altbürger. Dann wird auch das Kapital seine Scheu verlieren und richtig bei uns einsteigen.

M: Jaja, der Papa wird's schon richten. Aber wie man jetzt sieht, er kann's nicht.

B: Da sind die Kinder natürlich sauer. Aber vielleicht wird jetzt allmählich nachgeholt, was Gegner einer schnellen deutsch-deutschen Ehe, wie zum Beispiel Jens Reich vom Neuen Forum, in aller Besonnenheit empfohlen hatten: erst erwachsen werden, dann heiraten. Was ja auch heißt, sich zu lösen von der verbreiteten Wunschvorstellung, arbeiten wie im Sozialismus, leben wie im Kapitalismus und nicht in alter Unmündigkeit auf den Segen von oben zu warten, nur diesmal den richtigen, kurz: Selbstbewußtsein zu entwickeln, in dem Sinne wie Sie es weiter zu Anfang unseres Gesprächs gesagt haben: ein Bewußtsein dessen, was »wir« in dieses Gesamtdeutschland einbringen mit unseren Erinnerungen und Erfahrungen, Wünschen, Verhaltensweisen, eben dem Stück DDR-Geschichte in uns.

M: Sind denn nun »die Menschen in der DDR« anders als bei uns?

B: Anders in der Hinsicht, daß sie mit Lebensbedingungen zu tun hatten und haben, die sich von denen in der Altbundesrepublik unterscheiden. Wie nachhaltig eine solche Prägung wirkt, wird man sehen müssen. Es gibt, wie Meinungsumfragen gezeigt haben, Selbst- und Fremdbilder, die in bestimmten Punkten übereinstimmen, zum Beispiel darin, daß DDR-Bürger aus ihrer eigenen Sicht, wie aus der von Westdeutschen, weniger flexibel, weniger durchsetzungsfähig und erfolgsorientiert, weniger locker und weltgewandt sind, ein geringeres Verbraucher- und Umweltbewußtsein haben, bescheidener sind, kinderfreundlicher, echter in ihren Gefühlsäußerungen, weniger geizig mit ihrer Zeit etc.

Das sind intuitive Urteile, an denen was dran ist, finde ich, die man aber auch nicht überstrapazieren kann, als wäre in ihnen »die Wirklichkeit« auf einen gültigen Nenner gebracht. Zu meinen eigenen Eindrücken – aus der Zeit meiner ersten Westreisen, bei denen ich nun wirklich auf Unterschiede im allgemeinen Erscheinungsbild achten wollte – gehört, daß mir der Umgangston oder ich sag mal: das Benehmen in der Öffentlichkeit, in

Geschäften, Restaurants, im Straßenverkehr, auf Ämtern angenehmer erschien, weniger muffelig und rüde als bei uns. Und mir sind häufig Leute aufgefallen, die in meinem DDR-Bild fehlten, in der Bundesrepublik viel stärker als beispielsweise in Frankreich, Leute, die Wohlstand ausstrahlten, denen die Annehmlichkeiten ihres Alltagslebens anzusehen waren: glänzender, glatter, gepflegter, entspannter, auch lauter, als ich es von zu Hause kannte. Das war für mich ein sinnlich wahrnehmbarer Unterschied, anziehend und abstoßend, insgesamt spannend. Vermutlich sieht das von innen her anders aus.

M: Wir haben doch die Bundesrepublik oft als denkbar langweilig erlebt. Das waren alles diese biederen, angepaßten Leute vom Typ Kohl. Wenn man dagegen de Maizière oder Modrow nimmt, wobei meine Sympathie für de Maiziere langsam vergangen ist, aber Modrow erschien mir als ein sympathischer, aufrichtiger Mensch, dann konnten die sich natürlich gegen den großen, siegesgewohnten Kohl, der doch wahrscheinlich nicht intelligenter als sie ist, nicht durchsetzen.

B: Uwe Wesel, ein Jurist aus Westberlin, der für ein Semester an der Humboldt-Universität in Ostberlin »Schuldrecht, besonderer Teil« gelehrt hat, schrieb, nachdem die Fakultät »abgewickelt« worden war, über die damalige Dekanin. An dieser Frau seien ihm Eigenschaften aus der alten DDR aufgefallen, die man bewahren sollte. Eine Welt, sagt er sinngemäß, die bescheidener sei, einfacher, redlicher, nicht so glanzvoll, nicht brillant, aber beharrlich und solide. Mir ist das jetzt beim Stichwort Modrow eingefallen. Denn ungefähr das sind die sympathischen Seiten, die man ihm zuordnet.

Ich habe es ähnlich empfunden, auch wenn ich weiß, daß seine Integrität umstritten ist. Was mich eben beschäftigt, ist, daß die genannten Eigenschaften, die man ja leicht unter dem üblichen Klischee »DDR-Grau« verbuchen könnte, nicht nur als Werte wahrgenommen werden, sondern offenbar auch als Kontrast zum Erscheinungsbild westdeutscher Politiker.

M: In der Psychoanalyse würde man sagen: Die haben ein falsches Selbst. Die haben sich angepaßt an eine ganz bestimmte funktionierende Wirtschaftswelt, sind aber weder bescheiden noch aufrichtig wie Modrow. Aber sie funktionieren, was wiederum die DDR, jedenfalls behauptet man das ja unentwegt, nicht tut. Die sind faul, heißt es buchstäblich, die haben nicht gelernt zu arbeiten. Das höre ich immer wieder.

B: Das ist nun wieder eines von diesen bequemen Vorurteilen. Da wird von irgendwelchen Erlebnissen oder Beobachtungen auf das Verhalten von einigen Millionen Werktätigen geschlossen. Das ist Unsinn. Außerdem setzt ein solches Urteil schlicht voraus, daß Fleiß etwas Gutes, Faulheit etwas Schlechtes sei. Ich habe im Prinzip gar nichts gegen Faulheit, wenn ich darunter verstehe: Langsamkeit, sich Zeit lassen, nicht seine ganze Kraft in die Arbeit stecken. Das kann eine Form des Genusses sein, ein Stück Lebensqualität, auch einhergehen mit Gelassenheit gegenüber all diesem Nichtfunktionieren, über das man sich schon reflexartig von früh bis spät aufregt.

Natürlich kollidiert ein solches Verhalten mit der Wertorientierung nicht nur der kapitalistischen, sondern auch der realsozialistischen Leistungsgesellschaft, die allerdings in dieser Hinsicht weniger gut strafen konnte, so daß auch die üblen Formen von Faulheit – Schlamperei, Nichtstun auf Kosten anderer – bei uns wahrscheinlich einen besseren Nährboden hatten. All das wäre zu untersuchen. Schon damit man mal wegkommt von diesen Pseudoerklärungen und die Mechanismen erkennt, die in einer Gesellschaft, deren Mitgliedern immerzu »Schöpfertum« und »gesellschaftliches Engagement« gepredigt wurde, zu einem drastischen Mangel an persönlicher Verantwortung, ich würde sagen: zu organisierter Verantwortungslosigkeit geführt haben.

M: Es scheint psychologisch gesünder für den Menschen, wenn er die Chance hat, für etwas verantwortlich zu sein. Die Lust am Leben wird gesteigert durch die Spannung. Dabei kann man zwar mal scheitern, aber eben auch umgekehrt. Also ist es dieses spannungslose Leben, das einen in Depressionen versetzt. Und diese sozialistische Welt hat einen nie in Spannung gebracht, man hat nie etwas Besonderes erreicht oder verloren.

B: Vielleicht läßt sich das allgemein so sagen, aber das Lebensgefühl einzelner, meines zum Beispiel, trifft es nicht. Diese »sozialistische Welt« hat mich zeitweise ganz schön in Spannung gebracht, meine Arbeit auch und von der Liebe ganz zu schweigen. Doch was Sie meinen, liegt auf einer anderen Ebene. Dazu fällt mir ein: Es gab in einer bestimmten Schicht eine Form von Spannung, deren Wirkung die anderen von ferne studieren konnten, im Anzeigenteil des »Neuen Deutschland« zum Beispiel, wo häufig Nachrufe erschienen auf Männer, die zwischen fünfzig und sechzig verstorben waren, Träger hoher staatlicher Auszeichnungen etc., eben Leiter, die zerrieben wurden zwischen den Anforderungen von oben, die sie durchsetzen mußten, und den Widerständen von unten, von Leuten, die wußten: »mir kannste gar nischt« und sich entsprechend verhielten.

M: Das heißt, die einen wurden ständig überfordert und die anderen zur Faulheit angeleitet?

B: Jedenfalls zum »Wegdelegieren« von Verantwortung. Wenn sich zum Beispiel ein SED-Kreissekretär in Thüringen (wie Landolf Scherzer in seiner Reportage »Der Erste« beschrieben hat) um alles kümmert, einschließlich darum, daß der Jugendmode-Konsum Jeans anbietet, können sich andere zurücklehnen.

M: Unter Psychologen würde man dazu sagen, wenn es so etwas wie eine biologische aggressive Ausstattung gibt – und ein Stück weit wird das schon stimmen –, die im besten Fall der Selbstbehauptung dient, dann wird sie gefördert, wenn man lernt, sich durchzusetzen. Wenn niemandem die Möglichkeit gegeben wird, seine oder ihre ganze Schlauheit zu mobilisieren, sich selber etwas zu beschaffen, dann wird die ganze Aggressionsentwicklung, die ja mit dem Aufbau beziehungsweise der Zerstörung eines Wirtschaftssystems vergleichbar ist, nur in die negative Richtung gesteuert. Und in der DDR wurde ja nicht nur die Wirtschaft, sondern viel mehr zerstört.

B: Es gab eine Reihe Betätigungsfelder für die aggressive Ausstattung, schon weil es oft geradezu ein Künststück war, sich bestimmte Dinge – »Mangelware« – zu beschaffen, nicht nur privat, auch in den Betrieben. Das wird ja wiederum gerühmt an den angeblich faulen Arbeitern und Ingenieuren, daß sie wunderbar improvisieren konnten. Also die, die was wollten, waren nicht so leicht totzukriegen. Das Schlimme dabei ist, daß sehr viel Lebensenergie verpulvert wurde, daß Menschen sich aufgerieben haben, um ein fehlerhaftes System am Leben zu erhalten. Dies ist für mich ein Grund zur Trauer – um auf das Thema zurückzukommen, das offensichtlich auch für andere aktuell ist. Denn wenn der Reclam-Verlag Leipzig gerade jetzt »Die Unfähigkeit zu trauern« nachdruckt, dann wohl nicht, weil er dringend einen Ladenhüter rausbringen will.

M: Ich habe verschiedentlich über dieses Thema »Unfähigkeit zu trauern in der DDR« gesprochen und geschrieben, weil ich mich darüber geärgert habe, daß die Westdeutschen rübergehen und den Leuten in der DDR sagen, ihr müßt jetzt trauern. Und zwar sollen sie nicht wegen der Nazizeit, sondern um den bösen Sozialismus trauern. So etwas haben wir hier nicht gehabt, und hier haben wir getrauert, und deswegen sind wir auch so gut geworden, aber ihr habt ab 1945 etwas gehabt, das war genauso schlimm wie unser gemeinsamer Hitler.

Diese Arroganz und Verlogenheit hat mich schrecklich geärgert. Plötzlich waren sie nur noch toll, haben ihre ganze Selbstverachtung Richtung Osten geschoben und behauptet, Sozialismus sei gleich Nationalsozialismus gewesen.

B: So etwa Herr Greiner in seiner Rezension zu Christa Wolfs »Was bleibt«. Ein Repräsentant des guten Gewissens. Ich fand sehr aufschlußreich, was er da geschrieben hat: Nun ist das Verhängnis, das 1933 begann, an sein Ende gekommen. Gab es je einen freieren Augenblick? Mit anderen Worten, jetzt ist endlich die Vergangenheit bewältigt, weil nach dem faschistischen Drachenkopf auch noch der kommunistische weggeschlagen und ganz Deutschland auf dem richtigen Weg ist.

M: Ja, Auschwitz ist endlich vorbei.

B: Damit wir nun alle erleichtert einen dicken Schlußstrich ziehen können, müssen freilich ein paar Leute öffentlich bereuen, eben der Aufforderung nachkommen, »Trauerarbeit zu leisten«.

M: Das kann man ja sowieso nicht abverlangen. Und dann auch noch Trauerarbeit in dem Sinne, als ob der Sozialismus Hitlerei gewesen sei.

B: Diese Gleichsetzung geht unter dem abstrakteren Begriff von Totalitarismus. So gesehen gibt es strukturelle und, nehme ich an, auch Verhaltens-Ähnlichkeiten. Aber daneben gibt es deutliche Unterschiede: in den Ideen sowieso, aber auch psychologisch. Das DDR Volk hat sich nicht identifiziert mit der Führung, sich nicht begeistert, zu keiner Zeit, weder für Ulbricht noch für Honecker noch für sonstwen. Darüber sollte kein Fackelzug hinwegtäuschen.

M: Die Grundidee war trotzdem gut, auch wenn man Ideen pervertieren kann, was natürlich passiert ist. Ein totalitäres Regime ist immer von Übel, aber Demokratie an sich ist auch noch nicht das total Gute. Eine Mehrheit kann einen grauenvollen Typ wählen. Mehrheit an sich ist noch kein Ideal, es kommt darauf an, wofür diese Mehrheit steht.

B: Noch kurz zu dieser Minderheit, den Schriftstellern, die jetzt nicht auftreten, wie es erwartet wird…

M: Aber die sind doch auch recht apathisch, oder?

B: Das ist sicher ganz verschieden. Weniger hörbar in jedem Fall, ob sie nun tatsächlich schweigen oder weniger Aufmerksamkeit finden als früher, weil sich mit den politischen Verhältnissen in der DDR die Struktur der Öffentlichkeit, die Leserbedürfnisse gewandelt haben, Schriftsteller nicht mehr diese Bedeutung als kritische Instanz haben, wie es vor allem bei Christa Wolf und Stefan Heym der Fall war.

M: Wie werden sie denn heute erlebt?

B: Ich kann es nur an einem Beispiel sagen. Ich gehörte zu denen, die ein Fest organisiert haben in Berlin, anläßlich des 1. Jahrestages der großen Demonstration auf dem Alexanderplatz. Es waren ungeheuer viele Menschen da. Wir hatten mit einem derartigen Zulauf gar nicht gerechnet, es herrschte ein ziemliches Chaos. Und sicher war ein großer Teil nur gekommen, um Christa Wolf, Stefan Heym, Friedrich Schorlemmer, Daniil Granin zu hören, die abends sprachen. Eine Diskussion hatten wir nicht vorgesehen, aber das gab Empörung. Man wollte Fragen stellen, mitreden. Ich denke, da war kein andächtiger Respekt, aber ein starkes Interesse an der Meinung dieser Leute.

M: Die galten also eher als Autoritäten, die akzeptiert waren und zwar ohne Diskussion? Bei uns änderte sich ja 67/68 das studentische Verhalten erheblich.

B: Es waren keine einschüchternden Autoritäten, vor denen die Leute verstummten, aber solche, die große Verehrung genossen und deren Bücher auch als politisch-moralischer Beistand, als Lebenshilfe gebraucht wurden, fast im seelsorgerischen Sinn. Die haben Berge von Leserbriefen bekommen, in denen es, Christa Wolf hat es mir mal gesagt, häufig um ganz persönliche Dinge ging, um das Sich-aussprechen, die Suche nach Rat und Hilfe.

M: Aber mit dem Rückgriff auf 67/68 meinte ich, daß die Autorität dieser Leute nicht mehr so unkritisch betrachtet wird. Sie werden jetzt befragt.

B: Ja, sicher. Es ist vielleicht auch ein bißchen stiller um sie geworden. Wie gesagt, das literarische Leben in der ehemaligen DDR hat sich verändert. Ich glaube nicht, daß jetzt weniger gelesen wird, aber anderes: mehr Zeitungen, mehr Reiseführer, Fachliteratur wie Arbeits- und Betriebsverfassungsrecht, Steuertips und andere praktische Ratgeber und, nicht zu vergessen, Pornos. Alles möglichst als Taschenbuch. Die Leute haben wenig Geld übrig, und es wird Mitte dieses Jahres noch schlimmer. Drei bis vier Millionen Arbeitslose prognostizieren ja inzwischen sogar die offiziellen Stellen. Da stürzt man sich nicht unbedingt auf Belletristik. Außerdem gibt es ein stärkeres Interesse an Dokumentarliteratur, an Enthüllungen über die Stasi, das Politbüro, einzelne Funktionäre. Abrechnung und »Aufarbeitung« haben jetzt Konjunktur, auch in Verlagen der Ex-DDR, wobei ehemalige Opfer schon mal zu Richtern werden, begreiflich, aber nervend wie jede Rechthaberei.

B: Man kann das alles beklagen, oder wie Heiner Müller mit dem ihm eigenen Zynismus sagen: Die Entwicklung in der DDR ist doch positiv, jetzt werden schon die Siebenjährigen vergewaltigt.

M: Das ist noch untertrieben, es werden Fünfjährige und jüngere vergewaltigt.

B: Dieser Ausspruch suggeriert, jetzt geht etwas los, das mit dem Wegfall alter Zwänge und Hemmungen zu tun hat, auch mit der Macht der Bilder in einer vordem pornoentwöhnten Gesellschaft.

M: Man kann nur hoffen, daß die Macht der Bilder überschätzt wird, denn es gibt bereits jetzt Entsetzliches genug. Es beginnt in den Familien, wo es nicht nur Schläge und Mißhandlungen, sondern auch sexuellen Mißbrauch gibt. Für die infantile Sexualität, die ganz anders als die erwachsene ist, hat das nicht wiedergutzumachende Folgen. Und wenn man bedenkt, wieviele Väter ihre Kinder, in der Pubertät sowieso, aber eben auch sehr viel früher in dranghafter Weise...

B: ... und zwar Töchter und Söhne, homosexuelle Vergewaltigungen gibt es ja auch.

M: Ich schreibe gerade über Liebe und Sex in der Psychotherapie, und das Interessante ist, daß heute nur die Vergewaltigung der Töchter durch ihre Väter im Gespräch ist. Das kommt auch am meisten vor, genauso wie sexuelle Belästigungen

von Patientinnen durch ihre männlichen Therapeuten häufiger vorkommt als Sex zwischen
Patienten und weiblichen Therapeuten. Aber ich
habe im Laufe meiner langen Praxis sowohl Patienten gehabt, die von ihren Vätern wie von ihren
Müttern mißbraucht wurden, und ich habe Patientinnen gehabt, die innerhalb der Therapie lesbisch
verführt worden sind. Behandelt wird aber primär
die Väterseite, die schlimm genug ist, das darf man
nicht unterschätzen...

B: ... Das ist die vorherrschende Form ...

M: ... Ja, selbstverständlich, und körperliche Gewalt geht nun mal mehr von Männern aus als von
Frauen, aber es gibt, auch in der Psychotherapie,
ein Übergewicht von Büchern, wo die bösen Männer ihre guten Patientinnen verführen, und es
wird nie davon geredet, daß selbstverständlich
auch gerade in solchen intimen Beziehungen das
Umgekehrte stattfindet. Dennoch ist klar, daß die
Verantwortung beim Therapeuten/in liegt, daß es
bei Sexualität in der Psychotherapie um die Aus-
beutung von Abhängigen geht, bei Männern wie
bei Frauen.
Anders sind auch homosexuelle und lesbische Beziehungen zwischen Therapeuten und Patienten
nicht zu beurteilen.

B: Sicher stürzt sich der Analytiker nicht auf die
Patientin, die da auf der Couch liegt. Wenn es so
einfach nicht ist, wie aber dann?

M: Ganz verkürzt: Es ist der Patientin erlaubt,
ihren Analytiker verführen zu wollen, das gehört
zu unserer psychoanalytischen Theorie und der
Analytiker muß darauf eingestellt sein, das ist sein
Job. Fast jede Patientin hat ihren Ödipus-Komplex
und möchte ihren Analytiker verführen, nur: der

Analytiker muß Triebverzicht üben. Wenn er Triebschicksale analysieren und deuten will, kann er nicht gleichzeitig Triebe befriedigen. Er/sie muß die Phantasien der Patienten deuten, sie aber nicht erfüllen.

B: Und wenn er nicht verzichten kann, muß er die Therapie abbrechen?

M: Sicherlich.

B: Ich ärgere mich auch über die stereotypen Zuweisungen, das Böse auf der einen, die Unschuld auf der anderen Seite, aber worin widersprechen Sie, wenn Sie es jetzt ausführen müßten, dieser zu schlichten Auffassung?

M: Wenn Väter oder sonstige Männer ihre Triebdurchbrüche nicht kontrollieren können und kleine beziehungsweise ihre Kinder sexuell penetrieren, Kinder, die ja normalerweise zu ihren Vätern Vertrauen haben und in ihrer kindlichen Sexualität ein ganz anderes Körpergefühl für sie haben als Erwachsene, setzt diese Art von Mißbrauch natürlich ungeheure Traumen und Ver letzungen, die oft ein Leben lang nicht mehr gut zu machen sind.

Wenn aber zum Beispiel Alice Schwarzer über Ingeborg Bachmann schreibt, wie sie es anläßlich der Verfilmung von »Malina« getan hat, daß deren Neurose auf eine Vergewaltigung zurückzuführen sei, dann mag das wahr sein, braucht es aber nicht. Nicht jede Neurose läßt sich auf einen vergewaltigenden Vater zurückführen. Die Ingeborg Bachmann war ja eine Hochbegabte, die immer in der Nähe von einer Art seelischer Spaltung lebte, für die es häufig nur Böses oder Gutes gab. In diesem Buch wird zu vieles auf die bösen Männer geschoben, obwohl völlig klar ist, daß

Ingeborg Bachmann sich auch selber darstellt in den von ihr geschilderten Männern. Aber, um es zu wiederholen, nicht jede Neurose läßt sich auf eine Vergewaltigung zurückführen und nicht jeder Vater ist ein Vergewaltiger.

B: Das hat was Obsessionelles.

M: Ja. Eine Zeitlang war es die böse Mutter. Bei Alice Miller und anderen war die Mutter an allem schuld. Jetzt haben wir eher die Phase, in der der Vater an allem schuld ist. Dieser Vater treibt es mit jeder seiner Töchter, überall lauert Inzest, was zu sehr verallgemeinert wird. Normalerweise sind die Verhältnisse eben sehr kompliziert und nicht so schlicht, wie sie oft gesehen werden.

Wo wir einen eindeutigen Standpunkt einnehmen müssen, ist dort, wo ein wehrloses Kind Mißhandlungen und Vergewaltigungen ausgesetzt ist. Das ist schlimm. Auf die Psychotherapie bezogen ist »Verführung auf der Couch« immer ein Kunstfehler, der zu verurteilen ist. Ein Therapeut darf die Situation seiner Patienten nie ausnützen. Dennoch ist es ein Unterschied, ob es sich um erwachsene Frauen handelt oder um Kinder. Und das wird immer wieder verwechselt. Auch die Verführung auf der Couch läßt sich nicht mit der Vergewaltigung eines Kindes vergleichen.

Da gibt es doch Unterschiede, die bei Alice Schwarzer manchmal übersehen werden und auch bei Andrea Dworkin, fürchte ich. Es klingt dann so, als ob jedes Kind bzw. jede Frau vergewaltigt und mißhandelt würde. Gewiß, wir haben alle unsere seelischen Mißhandlungen, aber wer kann überhaupt total verstanden werden? Ich meine, diese Vorstellung, daß *jedes* Kind Vergewaltigungen ausgesetzt ist, stimmt nur im übergeordneten

Sinn. Ich habe zum Beispiel keine körperliche Gewalt, auch keine sexuelle Gewalt erlebt.

B: Ich auch nicht.

M: Deswegen denke ich oft, so allgemein kann es nicht sein. Aber ich nehme an, daß Andrea Dworkin selber Vergewaltigung erlebt hat, und wie bei Jean Amery und anderen, die im KZ waren, verstehe ich deren Obsessionen, weil ihr Leben durch dieses Erlebnis zerstört wurde. Andrea Dworkin hat doch in ihrem Buch »Pornographie – Männer beherrschen Frauen« sinngemäß geschrieben, Auschwitz sei nichts gegen Vergewaltigungen. Das scheint mir furchtbar einseitig, als wenn nicht Auschwitz eine einzige Supervergewaltigung gewesen wäre. Solche Entgleisungen verzeihe ich nur den Menschen, die derartig traumatisiert sind, daß sie gar nicht anders können, als das so und nicht anders zu sehen.

B: Das gibt es auch bei einigen ehemaligen DDR-Schriftstellern, die sich fast zwanghaft mit ihrem Trauma DDR auseinandersetzen. Ich selbst fühle mich nicht traumatisiert. Bei mir gab es Phasen, in denen ich entschlossen war, mich mit der sozialistischen Idee zu identifizieren und mir die Wirklichkeit dementsprechend »schönsah« und Phasen, in denen ich gesagt habe, die Idee ist gar nichts, wenn die Verhältnisse so sind, wie ich sie erlebe. Zu einer klaren Identität bin ich nicht gekommen und befinde mich in höchster Verlegenheit, wenn jemand mich fragt, worin besteht denn nun deine DDR-Identität.

M: Ich glaube ja überhaupt, daß es das nicht geben kann.

B: Gott sei Dank. Durch eine gewisse Penetranz in den Diskussionen nach dem Herbst '89 habe ich mich fast verpflichtet gefühlt, etwas zu finden an dieser Stelle und hatte dabei doch das Gefühl, das ist ein Muster, das einem von außen aufgezwungen wird. Die Fragen hatten für mich auch was Verdächtiges. Ich habe jedenfalls vermutet, es gibt da entweder die Vorannahme: diese Identität ist sowieso falsch, denn ihr habt immer gelogen und euch belügen lassen, oder aber die Forderung: nun spuck mal aus, nun sag mal schnell, was war es denn, damit man endlich Bescheid weiß. Und ich finde es unerträglich zu denken, daß jemand über mich innerhalb von fünf Minuten Bescheid weiß.

M: Bei uns im Westen geht manches zu schnell, und in der DDR eben manchmal zu langsam. Vieles war zu dogmatisch oder verboten, wie auch ein freieres Denken über Sexualität. Zum Beispiel die Homosexualität, die gab es doch gar nicht, oder?

B: Sie wurde nicht strafrechtlich verfolgt. Der alte Paragraph 175 existierte längst nicht mehr, und sehr viel später – 1988, wenn ich mich nicht irre – wurde auch dieser Paragraph über die Verführung Minderjähriger gestrichen. Aber Vorurteile und Vorbehalte existierten weiter. Es geschah nichts, sie abzubauen, denn das Thema war in der Öffentlichkeit tabu. So kann man sagen, daß Homosexualität geduldet wurde als eine nun mal gegebene, aber eben verfehlte, unglückliche Form der Sexualität.

M: Als ich 1984 in China war, an der Universität in Peking, da wurde mir ein Fall geschildert, und da habe ich gesagt, hören Sie mal, der ist doch wahrscheinlich homosexuell. Da erstarrte das ganz Publikum. Das gab es dort einfach nicht.

B: Auf diese Reaktion wären Sie in der DDR nicht

gestoßen. Dennoch, von einem offenen und toleranten Umgang mit Homosexualität waren wir weit entfernt. Schwule und Lesben hatten nicht die Möglichkeit, sich als gesellschaftliche Gruppe zu artikulieren, mit eigenen Zeitschriften, Lokalen, Organisationen. Übrigens hat hier – wie schon für die Friedens- und Ökobewegung – die evangelische Kirche einen gewissen Öffentlichkeitsraum geboten. Erst in der letzten Zeit der DDR war eine Tendenz zur Enttabuisierung spürbar, in Büchern, Diskussionen, auch im Film – sozusagen eine Verschiebung der öffentlichen Sprachgrenze.

Es läßt sich jetzt nur spekulieren, ob und wie weit diese Tendenz Veränderungen bewirkt hätte an einer Politik der Überwachung und Repression, die sich gegen jede Form der unerwünschten »Gruppenbildung« richtete, so auch in der homosexuellen Szene. In diesem Zusammenhang wurden Handlungen kriminalisiert. Ich denke zum Beispiel an die Verhaftung von Lesben bei einer Kranzniederlegung in Ravensbrück. Damit sollte an die Verfolgung und Ermordung lesbischer Frauen erinnert werden, die als besondere Gruppe aus dem offiziellen Gedenken an die Opfer des Nationalsozialismus ausgeklammert waren. Insgesamt war die Situation für die Homosexuellen in der DDR prekär: geduldet, aber nicht wirklich zugelassen – und möglichst verschwiegen. Wie so vieles andere auch.

M: Prostitution wurde ja auch offiziell nicht zugelassen, und jeder wußte, daß sie professionell in den Interhotels betrieben wurde.

B: Ja, in der Zeit, als eine gewisse Westöffnung eintrat, die Intershops eingeführt wurden und damit zwei Währungen innerhalb der DDR.

M: Das war ja nun doppelt unmoralisch, und das im Sozialismus!

B: Es wurde damit begründet, daß der Staat Devisen brauchte. Ein ökonomisches Argument, mit dem das soziale und politische Problem ausgeblendet wurde, daß da eine neue Zwei-Klassengesellschaft entstand: Leute mit und Leute ohne harte Währung. Damit waren wir wieder um eine Illusion ärmer, hatte die Realität mal wieder ein Stück Utopie geschluckt.

M: Obgleich ich Psychoanalytikerin bin, glaube ich nicht, daß man immer alles nur auf die früheste Kindheit zurückführen kann, wie es die Psychoanalyse manchmal macht und dadurch zur dogmatischen Ideologie werden kann. Wir sind nicht von vornherein dazu verdammt, lebenslängliche Gefangene unserer Kindheit zu sein. Unsere Utopien entspringen doch dem Wissen, daß es Momente der Einfühlung, der Mitmenschlichkeit, des Trostes gegeben hat, auch im späteren Leben, und wieder geben könnte.

B: Das denke ich auch. Ohne ein solches Wissen – und ohne die Erfahrung von Mangel – könnten Utopien nicht existieren. Ohne das Stück Hoffnung, das in ihnen steckt, ...

M: ... möchte man doch nicht mehr leben. In jeder menschlichen Beziehung, die man im Laufe seines Lebens eingeht, versucht man, ein Stück davon zu verwirklichen. Sonst ist das Leben doch sinnlos. Es ist nur so traurig, daß diese sozialistische Utopie politisch so gescheitert ist.

B: Wenn stimmt, was wir eben gesagt haben, also daß Menschen immer wieder diesen Impuls produzieren, werden neue Versuche, andere Formen entstehen, gerade aus den Erfahrungen mit einem großen geschichtlichen Fehlversuch. Das ist eine Frage der Zeit. Wie sich auch, da bin ich optimistisch, die kollektive Depression der Linken wieder lösen wird, und – das zeichnet sich ja schon ab – Enttäuschung, Apathie oder Angst in der Ex-DDR aktiveren Haltungen Platz machen, sei es zunächst mal der Wut.

M: Zum Beispiel auf die Wessis, die da massenweise hinfahren und ihr Eigentum zurückhaben wollen, und sagen, das gehört aber mir, obgleich es die DDR-Bürger vierzig Jahre lang wenn auch nicht gerade in Schuß gehalten und gepflegt, so doch sich darin zu Hause gefühlt haben. Wir sollten aber versuchen, keine moralisierende Haltung einzunehmen.

B: Immerhin könnte diese Wut die Neigung, die Altbundesrepublik zu idealisieren, bremsen. Übrigens glaube ich, daß der Eindruck einer völlig kritiklosen Hinnahme all dessen, was aus dem Westen kommt, falsch ist, auch wenn sich tausende einzelner Beispiele aufzählen lassen. Zumindest muß man unterscheiden zwischen der grundsätzlichen Akzeptierung von sozialer Marktwirtschaft und parlamentarischer Demokratie, der lebhaften Nachfrage nach westlichen Konsumgütern, der bereitwilligen oder zwangsläufigen Anpassung an neue Strukturen der Verwaltung und des Rechtes, im Versicherungs-, Gesundheits-, Bildungswesen etc. und dem Bereich der Verhaltensweisen und Wertvorstellungen.

Auf dieser Ebene ist sicher alles zu finden, von der begeisterten Nachahmung bis zur verzweifelten Renitenz, einschließlich einer alt-neuen Autoritätsgläubigkeit, eines alt-neuen Opportunismus und Zynismus, einer alt-neuen Fähigkeit zu kritischer Reflexion. Jedenfalls erscheint es mir total überzogen, wenn gesagt wird, wie ich es hier gehört habe, die momentane Hauptbeschäftigung der einstigen DDR-Bürger sei es, eine exakte Kopie des Westlebens hinzukriegen, bis hin zur Sexualität.

Wer kann das gegenwärtig überblicken? Und gibt es das überhaupt – eine ostdeutsche und eine westdeutsche Sexualität? Ich weiß es nicht, zumal ich keine vergleichenden Untersuchungen kenne – falls es die gibt –, und im Grunde nur über mich sprechen kann und den spezifischen Ausschnitt an Beobachtungen, die ich gemacht habe.

M: Das können wir im Prinzip alle nur, aber da Sexualität nun einmal ein Grundelement des menschlichen Wesens ist, wird uns die Geschlechterfrage schon deswegen immer stark beschäftigen. Wir hatten zum Beispiel vorhin davon gesprochen, daß es sehr viele alleinlebende Frauen gibt und Sie haben erklärt, daß das unter anderem deswegen der Fall ist, weil Unverheiratete besser einen Krippenplatz bekommen haben. Bei uns leben die meisten jungen Paare zusammen, ohne verheiratet zu sein.

Wir konnten als Studenten überhaupt nicht mit unseren Freunden zusammenziehen, das war ganz ausgeschlossen. Es gab zu meiner Zeit noch einen Kuppelei-Paragraphen. Also da hat sich in relativ kurzer Zeit sehr viel geändert. Für meine Mutter, die eine sehr gebildete Frau war, auch berufstätig über lange Zeit, war es noch selbstverständlich, daß man in seinem Leben sexuell nur mit einem einzigen Mann etwas zu tun haben durfte. Das habe ich auch – zu meinem großen Unglück vielleicht – sehr stark für lange Zeit verinnerlicht.

Heute ist das total anders. Es ist für Frauen eine Selbstverständlichkeit, daß sie mit vierzehn/fünfzehn Jahren mit einem Mann eine sexuelle Beziehung eingehen. Das wechselt dann, mal mehr und mal weniger häufig. Der sogenannte HWG, der häufig wechselnde Geschlechtsverkehr, hat jetzt durch die Angst vor Aids etwas nachgelassen, aber die Ideologie, daß man nur monogam leben darf, jedenfalls die Frauen – Männer durften immer schon mit mehreren Frauen schlafen –, diese Ideologie hat sich hier spätestens seit der Studentenbewegung und dem Spruch »Wer zweimal mit derselben pennt, gehört schon zum Establishment« total geändert. Also auch die Frauen können heute schlafen, mit wem sie wollen, und niemand kümmert sich darum. Das ist die Praxis.

Ob die Sexualität als solche dadurch spannender geworden ist, ist eine andere Sache, aber nehmen wir erstmal die Praxis. Ist die vergleichbar?

B: Im wesentlichen ja. Spontan fallen mir aber folgende Unterschiede ein beziehungsweise auf: Die Angst vor Aids spielte bisher eine geringere Rolle – vielleicht sogar in der Schwulenszene –, weil die Abgeschlossenheit der DDR und rigide Kontrollmaßnahmen die Ausbreitung der Krankheit verhindert haben, vergleichbar etwa mit dem Drogenproblem. Die Ideologie der Studentenbewegung hatte bei uns wohl wenig direkten Einfluß, eher dann vermittelt über die kulturellen Veränderungen im Gefolge von '68.

Was die sexuelle Freizügigkeit in der DDR zweifellos gefördert hat, war die Legalisierung des Schwangerschaftsabbruches 1971 und die Einführung der Pille auf Rezept, kostenlos. Ein weiterer Unterschied ist – statistisch belegt –, daß in der

DDR eher geheiratet wurde und die Scheidungsrate höher lag als in der BRD. Übrigens haben nach einer Scheidung die Männer durchschnittlich schneller wieder geheiratet als die Frauen. Es gibt zwar auch, aber nur sehr wenige, alleinerziehende Männer.

M: Man hat hier, auch was den sexuellen Bereich angeht, das Vorurteil gehabt, die DDR Leute sind sehr spießig, aber es wurde nie genauer definiert und geforscht, in welcher Hinsicht und ob sie tatsächlich spießig sind.

B: Was ist hier mit Spießigkeit gemeint?

M: Damit meint man die kleinkarierten Ansichten, dieses Muffige, diese Fremdenfeindlichkeit, diese Eingeengtheit, alles nur vom eigenen Blickwinkel aus beurteilende. Unter spießigen DDR-Leuten hat man sich hier solche vorgestellt, die heute noch so denken, wie sie über vierzig Jahre lang gedacht haben, die das nicht durchbrechen können, die nicht weltläufig sind, also sehr starr an ihren Denkweisen festhaltende Menschen.

B: Weltläufigkeit hängt nun mal damit zusammen, daß man die Welt ein bißchen kennt, mit anderen Kulturen in Berührung kommt, auch im eigenen Land, und das war bei uns nur sehr eingeschränkt der Fall. Hier fehlte weithin die lebendige Erfahrung, doch nicht jegliche Information. Neben der offiziellen Zirkulation von Wissen gab es die inoffizielle, über private Kontakte und vor allem das Westfernsehen, das mit Ausnahme weniger Gegenden, zum Beispiel dem Bezirk Dresden, technisch überall empfangen werden konnte und auch empfangen wurde, trotz aggressiver Kampagnen und erpreßter Verzichtserklärungen. Diese Politik wurde unter Honecker gelockert, so daß die meisten – und die jüngeren Generationen von Anfang an – mit einer doppelten Bilderwelt lebten, über Mode, Musik, Stars im Westen Bescheid wußten und Trends mitmachten, so gut es ging.

Wahrscheinlich ist der Umgang mit Sexualität – im Sprachverhalten, in der Selbstdarstellung – dadurch beeinflußt worden. Zugleich darf man nicht vergessen, daß in der DDR bürgerlich-christliche Moralvorstellungen von atheistisch-proletarischen Lebensanschauungen überlagert waren. Ich denke, daß man zwar von einer normfixierten, nicht aber einer prüden Gesellschaft sprechen kann. Elemente aus der Jugend- und Arbeiterbewegung, wie die Freikörperkultur, existierten weiter. Es gab seit den frühen fünfziger Jahren, dann in ständiger Ausdehnung begriffen, Nacktbadestrände an der Ostsee, später auch an den Binnenseen. Zu den offiziellen Normen gehörte die Auffassung von Sexualität als etwas Natürlichem und Gesundem, sofern sie mit wechselseitiger Achtung und Verantwortlichkeit verbunden ist, nicht zum »Selbstzweck ausartet«, dem Glück des Paares und der Familie dient.

Eine biedere und enge Auffassung, die auch in Sexualitätsforschung und entsprechende Aufklärungsliteratur eingegangen ist, gewiß nicht zu einer kulturellen Erotisierung beigetragen hat und gekoppelt war mit der Verdrängung und Tabuisierung all dessen, was aus dieser Perspektive als verfehlt, schädlich, pervers, mit einem Wort: unsittlich angesehen wurde. In welchem Umfang die offiziellen Wertvorstellungen die Sexualität der Einzelnen bestimmt haben, kann ich nicht sagen. Eines scheint mir sicher: die Sehnsucht nach dem Abenteuer, das Aufbegehren gegen Langeweile, der Wunsch nach vielfältigen sexuellen Erlebnissen konnten auch ohne gesellschaftliches Entgegenkommen Mittel und Wege finden.

Ich denke, der von Günter Gaus geprägte Ausdruck »Nischengesellschaft« trifft auch in dieser Hinsicht zu. Und Beobachtungen des Kundenverhaltens in den neuen Sex-Shops zeigen, daß da durchaus nicht nur verschämte, verschüchterte, ausgehungerte Leute einkehren, sondern eine ganze Anzahl selbstbewußter und sachkundiger KäuferInnen, die wissen, was sie wollen.

M: Diese bürgerliche Vorstellung, die wir alle von unseren Müttern mitbekommen haben, daß man nur sexuelle Beziehungen zu einem Mann haben darf, und zwar zu dem, den man heiratet und möglichst auch erst nach der Heirat, und die radikale Veränderung dieser Einstellungen, bei uns nicht zuletzt durch die Studentenbewegung, das war also bei ihnen in der DDR ähnlich?

B: Was mich selbst betrifft, schon. Denn ich bin in einer bürgerlich-christlichen Familie aufgewachsen, und meine Mutter hat ihre Moralvorstellung ungebrochen an uns weitergegeben. So denkt sie noch heute. Dabei weiß oder ahnt sie, daß ich nicht so lebe, wie sie es mir als gut und richtig vermittelt hat. Aber darüber spreche ich nicht mit ihr.

M: Meiner Mutter habe ich immerhin gesagt, mein Gott, wie hast du mich großgezogen, wie entsetzlich, was hab ich vermißt in meinem Leben, wieviel Männer hätte ich gerne geliebt und kennengelernt, und du, du mit deiner verdammten Sexualmoral, du bist schuld! Das habe ich ihr tatsächlich wörtlich so sagen können, und wir haben dann beide gelacht. Und das können Sie heute Ihrer Mutter noch nicht sagen?

B: Ich kann mich nicht erinnern, daß ich ihr an diesem Punkt Vorwürfe gemacht habe. Mit meiner Sexualangst war es so: Zuerst habe ich sie, ziemlich lange sogar, in sexuelle Gleichgültigkeit und Aversion umgewandelt, dann mit Anfang zwanzig, als ich aus diesem Stadium heraus war, als Angst vor Schwangerschaft erlebt, nach der Heirat verloren und Versäumtes nachgeholt, Wünsche nicht unterdrückt. Das hat zu Schwierigkeiten zwischen mir und meinem Mann geführt, aber da gab es von Anfang an Offenheit und zumindest das Bemühen um Toleranz.

Also, mit meiner Mutter brauchte ich nichts »abzurechnen«. Wenn ich trotzdem zu ihr über meine Sexualität nicht spreche, dann vor allem aus Angst, sie zu verletzen. Weil ich denke, meine Mutter hat auf vieles verzichtet, uns zuliebe. Ob das wirklich so stimmt, weiß ich nicht, aber ich habe von kleinauf mit diesem Bewußtsein gelebt, daß meine Mutter für uns Opfer bringt und ich sie nicht enttäuschen und kränken darf. Was ich sicher noch und noch getan habe. Meistens fällt das voll auf mich zurück. Ich habe Schuldgefühle, sie tut mir wahnsinnig leid – ohne daß ich weiß, ob oder wie sie tatsächlich leidet –, so daß ich mich verkrampfe und Auseinandersetzungen möglichst ausweiche. Ich vertraue darauf, daß sie Andeutungen versteht, wenn ich beispielsweise sage, ich fahre jetzt da und da hin, daß sie dann weiß, ich fahre zu meinem Freund. Und sie fragt nicht nach, obgleich sie es vermutlich gern täte. Wir haben nicht die Offenheit miteinander, die Sie von sich und Ihrer Mutter geschildert haben.

M: Sie haben wahrscheinlich vollkommen recht. Da ist der Mann so früh gefallen, und Ihre Mutter ist ja auch meine Generation, während meine Mutter schon 1880 geboren ist. Ich habe ihr schon mit fünfzehn Jahren gesagt, wie konntest du nur heiraten, die »ehelichen Pflichten« sind doch nichts als Prostitution! Meiner Mutter konnte man tatsächlich – ich hatte natürlich auch Angst, sie zu kränken – bestimmte Dinge relativ ungehemmt sagen. Trotzdem habe ich ihre Sexualvorstellungen verinnerlicht.

Aber meine Mutter mußte man nicht so schonen, wie Sie das bei Ihrer Mutter denken. Das kommt natürlich daher, daß Ihre Mutter niemals wieder geheiratet hat und offenbar gar keine sexuellen Verhältnisse mit irgendwelchen anderen Männern gehabt hat?

B: Nein, soviel ich weiß. Sie sagt, sie war mit ihrem Mann sehr glücklich und rückblickend in gewisser Weise damit einverstanden, daß ihre Ehe nicht weitergegangen, sondern an dem schönsten Punkt zu Ende gewesen ist, weil, wer weiß, wie sie Jahre später geworden wäre.

M: Wie haben Sie sie denn erlebt? Ich meine sexuell?

B: Ich habe sie als asexuell erlebt.

M: Sie haben ihr nicht manchmal gesagt, Mutti, wie schön du bist, oder so etwas?

B: Nein, und dabei war sie wirklich schön. Rein vom Ästhetischen hätte ich gar keinen Grund gehabt, es nicht zu sagen. Es hing sicher damit zusammen, daß sie selber Sexualität abgewehrt hat. Sie hat sich auch nicht besonders geschmückt, ihre Weiblichkeit betont...

M: Ihre Mutter hatte vielleicht auch Angst, ein Bild zu zerstören, was Sie von ihr haben. Ich meine, auch das wäre möglich.

B: Es ist alles möglich. Zwar glaube ich, daß es so war, wie ich es eben gesagt habe, aber wenn sich etwas anders herausstellte, würde es mich nicht umhauen. Ich würde dann nur mal wieder sehen, wie vernagelt ich gewesen bin, was ich alles nicht wahrgenommen habe um mich herum. •

M: Freud sagt sinngemäß, die Stimme des Verstandes ist leise aber schließlich setzt sie sich durch. Vielleicht war das zu optimistisch gedacht von ihm. Aber immerhin, die Aufklärung hat sich doch letztlich durchgesetzt – Sie haben ja darüber an der Akademie wissenschaftlich gearbeitet –, die Aufklärung, trotz all ihrer Dialektik, hat mit allen Schrecknissen und allen Primitivitäten, in die eine Revolution dann wieder zurückfällt, eine neue Welt hervorgebracht. Und so ist das auch mit dem Nachdenken, das uns in die Nähe der Wahrheit bringt. Aber wer will das schon, die Wahrheit hören, sich auseinandersetzen, all diese unbequemen Dinge? Wer will schon mit seiner Mutter Tacheles reden, weil es doch auch schmerzt? Und umgekehrt: Wenn ich bedenke, was mein Sohn für ein Bild von mir hat, was ich schon in vielem erschüttert habe, aber es gibt Dinge, die man mit seinen Kindern besser nicht bespricht. Sie haben nichts davon. Es gibt auch zu viel Nähe zwischen Eltern und Kindern. Sie müssen schon eine gewisse Distanz zueinander haben. Warum sollte Ihre Mutter, wenn sie eine Anzahl Geliebter gehabt hätte, was ja für sie vielleicht ganz angenehm gewesen wäre, Sie da einbeziehen? Das hat ja gar nichts mit Aufrichtigkeit zu tun. Das ist ihr Leben, und ihr persönliches Leben hat mit der Beziehung zu ihren Kindern nur begrenzt zu tun. Ich meine Aufrichtigkeit kann auch Bekenntniszwang sein, der nur schadet.

B: Das leuchtet mir vollkommen ein. Aber wenn sie mir sagt, ich habe nach deinem Vater keinen weiteren Mann gehabt, dann glaube ich ihr das.

M: Ja, natürlich. Sie könnten nur sagen, liebe Mutter, das tut mir wahnsinnig leid, du warst kaum dreißig Jahre, und ich hätte dir wirklich gegönnt, daß du noch ein bißchen psychisches und physisches Glück im Leben gehabt hättest. Wenn das nicht so war, glaube nur bitte nicht, liebste Mutter, daß mich das erschüttern würde, im Gegenteil. Aber okay, wenn das dein Leben war.

B: Sie ist ja damit zurechtgekommen. Hätte ich mich hinstellen und ihr vorrechnen sollen, was ich alles an ihrem Leben verkehrt finde, nur damit sie mal meine Meinung kennenlernt?

M: Ich würde offengestanden meiner Tochter, die so mir reden würde, sagen, liebe Tochter, jetzt ist mal Schluß. Es tut mir leid, ich habe mein Leben, du hast dein Leben. Aber du hast keinerlei Recht, mir zu sagen, ich hätte anders leben sollen. Das verbitte ich mir. Was glaubt ihr Kinder eigentlich, daß ihr moralisch über unser Leben urteilen könnt? Das Problem ist diese lächerliche Art des Umgangs zwischen den Generationen. Daß die Mütter ihren Töchtern nicht erlauben, ihr Leben zu leben, und die Töchter erlauben es noch viel weniger ihren Müttern. Über Sexualität hat also die nächste Generation, Sie, Ihre Schwester und Ihr Bruder, obwohl sie sicherlich ganz anders gelebt haben als die Mutter, nicht mit ihr sprechen können und wollen?

B: Ich habe es nicht getan. Aus den genannten Gründen. Außerdem: Meine Schwester hat sich öfter mal anvertraut und zum Teil sehr repressive Reaktionen bekommen. Da habe ich mir gedacht, ich bin doch nicht blöd.

M: Aber die Mutter muß doch gleichzeitig die Veränderungen bemerkt haben, das ist doch schon erstaunlich. Ich meine, da war zwar die Mauer um die DDR, aber es hat sich trotzdem sehr viel verändert, wurde liberaler.

B: In den fünfziger Jahren, als wir in der Pubertät waren, noch nicht so ausgeprägt, schon gar nicht in unserem sozialen Milieu. Ich denke, der Schub kam später, Ende der sechziger, Anfang der siebziger Jahre. Als ich 1967 geheiratet habe, war das im Grunde eine Konzession an die Familie, ein Schritt der Anpassung, um Konflikte zu vermeiden. Ich denke, drei Jahre später hätte ich mich anders verhalten, da wohnten wir in Berlin und hatten enge Kontakte zu Leuten aus der Studentenbewegung, ein anderes Umfeld eben.

M: Eins wird deutlich, daß nämlich die sexuellen Sitten offensichtlich grenzüberschreitend sind. Jedenfalls innerhalb der westlichen Welt, und da gehört die DDR eben auch dazu.

B: Weiter nach Osten ist es schon anders, und im Süden der westlichen Welt ja auch.

M: Ja, der berühmte Latin Lover, wie ein amerikanischer Psychologe es beschrieben hat, der geradezu gezwungen ist, jede Frau anzumachen. Der zwar weiß, daß in seinem Lande die Frauen immer nein sagen, denn wenn sie ja sagten, gnade ihnen Gott, dann wären sie gesellschaftlich unten durch, aber er muß trotzdem zwanghaft jede Frau umwerben. Kaum kamen diese Latin Lovers in die USA und erlebten, daß die Frauen dort ja sagten, wurden sie impotent.

Aber die DDR gehört, was die sexuellen Beziehungen angeht, offenbar zu uns, um es mal so auszudrücken. Sexuell gesehen macht die Wiedervereinigung also keine Probleme, gibt es keinen Unterschied?

B: Keinen wesentlichen, meine ich. Es gab, wie gesagt, Besonderheiten, vor allem den systemspezifischen Umgang mit Wirklichkeit: ihre Wahrnehmung, ihre Darstellung so hinzubiegen und zuzuschneiden, daß sie Soll-Vorstellungen entsprach. Gerade sozialwissenschaftliche Untersuchungen waren eingeengt durch die Vorgabe von Forschungszielen. Daher diese Probleme mit Zensur und Selbstzensur, die Konzessionen, das Taktieren und die vorsichtigen Versuche, die Grenzen des Sagbaren zu erweitern.

Über Sexualität wurde geschrieben und gesprochen vorwiegend im Sinne von Aufklärung und zur Propagierung bestimmter Verhaltensnormen in Partnerschaft und Familie. Zugespitzt kann man sagen, es ging um die Stärkung der glücklichen Kleinfamilie. Und das wurde, scheint mir, weithin akzeptiert. Verboten war die Verbreitung von »Schund und Schmutz«. Es liegt auf der Hand, daß mit einem so schwammigen und zugleich aggressiven Kriterium mehr ausgegrenzt werden konnte als nur die harte Pornographie. Aber auch auf diesem Gebiet fand eine heimliche Zirkulation statt. Wie überhaupt die DDR-Bevölkerung im Zwie-Denken geübt war und im buchstäblichen Umschalten von einem Informationskanal auf den anderen.

M: Das war damit auch der Anfang vom Ende. Das ist ein brüchiger doppelter Boden, der spätestens jeden Abend vorm Fernseher sichtbar wurde. Aber das muß doch eine Rolle gespielt haben, auch in bezug auf die sexuellen Verhältnisse.

B: Ich weiß nicht. Jedenfalls nicht in Gestalt einer

starken Verunsicherung – denn über ARD und ZDF wurden wir ja nun nicht mit einer völlig konträren Welt des Sexualverhaltens bekanntgemacht –, aber sicher in Form einer gewissen Lockerung, einer Horizonterweiterung, indem andere Bilder, Sprechweisen, Ansichten, Themen und Arten der Auseinandersetzung ins Bewußtsein dringen konnten.

M: Mir haben mal fortschrittliche, emanzipierte, handfeste DDR-Frauen erzählt, daß die DDR-Männer noch sehr viel ungebrochener chauvinistisch sind als bei uns. Das spiegelte sich zum Teil ja auch in der Literatur, die, sehr viel später als bei uns, feministische Färbungen bekam durch Frauen wie Maxie Wander und Irmtraud Morgner.

B: Ich habe Schwierigkeiten mit diesen Pauschalurteilen – »die« Ost-Männer, »die« West-Männer. Natürlich kann ich einer Frau nicht widersprechen, die sagt, sie habe noch und noch solch ungebrochenen Chauvinismus erlebt. Ich sehe es nicht ganz so kraß. Wenn ich zum Beispiel an meine früheren Kollegen denke: Die hatten sicher die traditionellen Rollenbilder und hierarchischen Vorstellungen im Kopf, aber das ging zusammen mit einem Verhalten, das ich als freundschaftlich und fair empfunden habe. Nicht dieses blödsinnige männliche Geprotze, ...

M: ... diese Manager-Selbstsicherheit und Arroganz.

B: Die gab es unter den alten Verhältnissen kaum, schon weil unsere staatlichen Leiter etc. nicht gerade das waren, wozu sie sich jetzt wandeln müssen: erfolgreiche Manager. Aber was männliche Überheblichkeit, Machtverhalten, Gockelhaftigkeit etc. angeht, da denke ich schon, daß der

Feminismus im Westen dazu beigetragen hat, Männer in ihrem alten Selbstverständnis zu verunsichern, was da und dort zu einer stärkeren Sensibilität und Bereitschaft, sich selbst in Frage zu stellen, geführt hat, was dann eben im Pauschalbild – »die« West-Männer – als neues Element eher in Erscheinung tritt als auf der anderen Seite, wo die subtileren Mechanismen patriarchalischer Herrschaft so gut wie nicht bearbeitet worden sind.

M: Trotz der unübersehbar vorhandenen männlichen Dominanz hat es in der Ex-DDR bisher keine nennenswerte Frauenbewegung gegeben. Während der sogenannten Aufbruchphase waren Ansätze weiblichen Selbstbewußtseins zu beobachten, aber heute sieht man kaum noch Frauen, jedenfalls nicht in entscheidenden Positionen. Vieles deutet darauf hin, daß die DDR auch in bezug auf Frauenbewegung den Westen in gewisser Weise aufholen muß; denn es ist zweifellos das Verdienst der Frauenbewegung hier im Westen, daß bestimmte Fragen gestellt und bestimmte Rollen nicht mehr akzeptiert werden. Das ist schon ins allgemeine Bewußtsein gedrungen.

B: In der DDR ging es doch vor allem um Gleichberechtigung, verstanden als Teilnahme der Frauen am gesellschaftlichen Produktionsprozeß. Dabei haben Berufstätigkeit und materielle Unabhängigkeit von Frauen nicht nur das Sein der Individuen verändert, sondern auch ihr Bewußtsein, ihre Verhaltensweisen und Lebenspläne beeinflußt. Die Vereinbarkeit von Ehe, Familie und Beruf war eine soziale Norm, sicher sehr unterschiedlich gelebt, als akzeptierte Selbstverständlichkeit oder kaum zu bewältigendes Soll oder unerreichbares Ideal oder frommer Betrug, wie auch immer. Jedenfalls nicht in Form einer kollektiven Auseinandersetzung – Frauenbewegung – mit patriarchalischen Gesellschaftsstrukturen, weiblichem Selbstverständnis und Emanzipation von tradierten Geschlechterrollen, wie sie im westlichen Feminismus stattgefunden hat.

Genau da ist das Defizit, das sich gegenwärtig auswirkt. So gesehen kann man von einem Aufholbedarf sprechen, aber nicht als Nacharbeitung oder Kopie dessen, was anderswo geschehen ist, sondern als kritische Reflexion der eigenen Geschichte und ihrer Folgen. Frauenforschung, zum Beispiel, wurde bei uns zwar von Frauen betrieben, aber nicht für, das heißt im Interesse von Frauen, sondern »über« sie, je nach politischer Interessenlage, im Grunde als Legitimationsdienst, wie auf anderen Gebieten auch.

M: Es gibt so gut wie keine veröffentlichte Sexualwissenschaft, weder über die Homosexualität von Männern noch von Frauen, mir sind keine genauen Untersuchungen über das sexuelle Geschlechterverhältnis bekannt, mit anderen Worten: faktisch ist es identisch oder sogar fortschrittlicher, wie man zum Beispiel beim Paragraph 218 sieht, aber theoretisch nicht.

B: Mit Bewußtseinsformen, ich meine: all dem, was an Weiblichkeits- und Männlichkeitsbildern weitergeschleppt worden ist im Alltagsbewußtsein, in den Medien, der Kunst, den Schulbüchern, mit verschütteten Ansätzen (wie den Betriebsfrauenausschüssen der fünfziger Jahre), mit Geschlechtersozialisation und geschlechtsspezifischer Arbeitsteilung haben sich einige wenige Frauen beschäftigt, wie zum Beispiel Irene Dölling, Hildegard Nickel, Petra Clemens, Ina Merkel, immer am Rande oder außerhalb der institutionalisierten Forschung. Es gab also nicht schlichterdings nichts, aber eben auch keine Präsenz im öffentlichen Bewußtsein, von organisierten Gruppen ganz zu schweigen. Erst im Herbst '89. Und dann sehr bald unter einem destruktiven Polarisierungsdruck, das heißt eine Synthese zwischen Basisbewegung und Gesellschaftspolitik kam nicht zustande, stattdessen ein aufreibendes Machtgefälle – ich denke an den Unabhängigen Frauenverband – zwischen »Basisfrauen« und »Politikfrauen«.

Und außerhalb der kleinen aktiven Szene sind die Frauen, jede für sich, mit all dieser Unsicherheit konfrontiert, die Angst macht, und mit unterschiedlichen Frauenbildern aus dem Westen, so dem Traumfrau-Geschwätz in den Medien, und leider auch mit der harten Besserwisserei von Feministinnen, ihrer Enttäuschung oder Empörung über die »Rückständigkeit« der Schwestern im Osten. All das kann gegenwärtig nicht sehr optimistisch stimmen im Hinblick auf einen breiten Widerstand von Frauen gegen den Abbau von Errungenschaften, die ja nicht ihre waren, sondern ein Stück Politik von oben: die Sicherheit der Arbeitsplätze, die Kinderkrippen, die Legalisierung des Schwangerschaftsabbruches etc.

M: Wie immer dieses DDR-Gesetz über den Schwangerschaftsabbruch zustande gekommen ist, jetzt ist zu befürchten, daß es unserem Paragraph 218 weicht, weil die DDR die CDU gewählt hat.

B: Aber nicht im Sinne einer Option. Laut »Spiegel« ist die Mehrheit der Ex-DDRler für den Erhalt der bisherigen Regelung. Es gehörte auch nicht zu den Wahlparolen der CDU zu sagen: Wer uns wählt, wählt den Paragraph 218. So kann man der knappen Hälfte der DDR-Wähler, die im März 1990 für die damalige »Allianz für Deutschland« gestimmt haben, zwar vorwerfen, sie hätten nicht weit genug gedacht, nicht aber, daß sie diesen Pragraphen gewollt haben.

M: Des weiteren ist zu befürchten, daß sehr viele DDR-Frauen auf die Heuchelei der puritanischen, katholischen Männermacht, die uns Frauen die Selbständigkeit und Autonomie nehmen will, sehr schnell reinfallen werden. Die Frage ist, ob die Männer in der DDR die Frauenautonomie ebenso angreifen werden, wie das hier so selbstverständlich geschieht. Hier wird um jedes noch so kleine Stück Autonomie gekämpft.

B: Diese Erfahrung werden wir erst noch machen müssen. Die alten Verhältnisse haben da weder zu einem verbreiteten Problembewußtsein noch zu Kampferfahrungen geführt. Ich denke, daß die Einstellung der meisten Frauen ambivalent ist, daß sie jetzt einerseits Angst um ihren Arbeitsplatz haben, andrerseits nichts dagegen hätten, unter entsprechenden finanziellen Bedingungen eine Weile zu Hause zu bleiben oder nur halbtags zu arbeiten, um sich mehr mit den Kindern zu beschäftigen und nicht permanent unter dieser Doppelbelastung zu stehen. Jedenfalls sieht es nicht so aus, als wären Frauen, über ihre persönlichen Sorgen hinaus, besonders alarmiert durch die Perspektive einer gesellschaftlichen Regression.

M: Das ist es eben. Sie sehen nicht, daß sie damit viel aufgeben. Dinge, die schwer wieder neu zu erkämpfen sind. Man kann zwar sehr gut verstehen, daß sich eine Frau, die ihren Beruf nicht liebt und – wie ihre Mutter – drei Kinder hat, sagt, nun verdient mein Mann genug, bleibe ich also lieber erstmal zu Hause bei den Kindern. Das ist ja sowieso eine individuelle Entscheidung, nur: die verbreitete Tendenz, die eigene Autonomie aufzugeben, und die Männer wieder in die Rolle der Familienernährer zu entlassen, die ist ja auch für die ganz schlecht. Sie werden ver- und entwöhnt zugleich, klüngeln wieder in ihren Männergesellschaften, interessieren sich überhaupt nicht für Frauenprobleme, wie Frauen sie bewerten, ist ihnen völlig wurscht: also alles wie gehabt. Die Männer arbeiten, die Frauen sitzen zu Hause, hüten die Kinder und haben gesellschaftlich nichts aber auch gar nichts zu sagen.

B: Ich fürchte, die Frauen hatten in der DDR-Gesellschaft auch nicht viel zu sagen, wenn man an die Politik und die oberen Ränge denkt. Aber Sie meinen wahrscheinlich etwas anderes ...

M: Ein ganz praktisches Beispiel. In dem Krankenhaus, in dem ich kürzlich operiert wurde, sind immerhin nicht ganz die Hälfte der Ärzte und Chefärzte Frauen. Ich sehe durchaus, wie sehr die kämpfen müssen, aber trotzdem, ob man jetzt nur dieses Krankenhaus nimmt oder es verallgemeinernd auf die politische Ebene überträgt: In dem Maße, in dem Frauen berufstätig sind und sich in ihrem Beruf engagieren, sind sie beteiligt an der gesellschaftlichen Macht. Deswegen meine ich, wenn neunzig Prozent der Frauen berufstätig waren, wenn auch viele nur in untergeordneter Position, was übrigens auch für viele Männer zutrifft, dann hatten sie gesellschaftlich etwas zu sagen. Wenn aber jetzt der Trend dahin geht, alles zurückzudrehen, dann heißt das, daß Frauen aus der Gesellschaft gedrängt werden.

B: Ja. Darauf haben linke Gruppierungen schon

vor den ersten freien Wahlen in der DDR hingewiesen. Ich erinnere mich nicht genau, was alles in den Wahlprogrammen stand, aber das war ein ganz wichtiger Punkt. Wie man weiß, hat die Mehrheit andere Prioritäten gesetzt und damit für eine andere Machtverteilung gesorgt.

M: Sagen Sie, wie haben Sie denn die Wahlen erlebt, im März vor einem Jahr?

B: Das war ein schlimmer Abend. Wir waren bei Freunden in Kreuzberg. Als die ersten Hochrechnungen kamen, wurden alle etwas blaß. Mit einem darartigen Erfolg der »Allianz« hatten wir einfach nicht gerechnet, mit einer ganz knappen SPD-Mehrheit, ja. Es gab Tränen, auch mein Mann hat geweint, und ich erinnere mich an ein Gemisch aus furchtbarer Enttäuschung, Wut auf die »blöden Massen« und etwas wie Beklommenheit, weil ich wieder einmal gemerkt habe, wie wenig ich dieses Land kenne – Sachsen, Thüringen, alles weit weg und kein Begriff von den wirklichen sozialen, regionalen Differenzen. Es war mir zwar klar, daß ein politischer Umschwung stattgefunden hatte, von »*Wir* sind das Volk« zu »Wir sind *ein* Volk«. Aber in welchem Ausmaß...

M: Das war doch furchtbar damals, als es plötzlich hieß, wir sind ein Volk.

B: Für mich ganz sicher, denn mir erschien die Zuflucht zur nationalen Einheit als anti-emanzipatorisch in jeder Hinsicht. Aber anfangs konnte man hoffen, daß der Prozeß so gestaltet wird, daß die schwächere Seite zunächst selbständig werden kann und eine Annäherung unter Gleichberechtigten, etwas für *beide* Seiten Neues zustandekommt. Immerhin ging es eine Zeitlang noch hin und her, gab es nicht nur Dresden mit »Helmut,

Helmut«, sondern daneben zum Beispiel Berlin mit »Wollt ihr den totalen Kohl?«.

M: Den wollten sie aber. Wir haben ja darüber gesprochen, daß man materielle Erleichterungen braucht, um sich ein Leben leisten zu können, das scheinbar und auch tatsächlich freier ist. Und da nützt alles Schimpfen über den Kapitalismus nichts, weil er genau das geleistet hat, wie man an den westlichen Industrieländern sieht. Nicht, daß es dort keine schrecklichen Dinge gäbe, keine Ungerechtigkeiten, aber alles in allem hat der Durchschnitt ein leichteres Leben. In diesem Punkt ist der Westen dem Marxismus mit seiner klugen Analyse und allen seinen Prognosen überlegen.

B: Manchmal ist weniger Theorie offenbar besser, weil man flexibler ist.

M: Ja, man kann dann auf die individuellen menschlichen Bedürfnisse eingehen. Nur wenn man das tut, arbeiten die Menschen mit mehr Lust. Wo wir mit Vergnügen dabei sind, können wir doch wirklich Erstaunliches leisten. Aber man muß dafür belohnt werden. Das hat der Kapitalismus begriffen. Die Kehrseite ist natürlich, daß er gleichzeitig gelernt hat, die Menschen besser aus-zunützen, und zwar in brutaler Weise. Aber dennoch, wir im Westen hatten ein besseres Leben.

B: Deshalb bei uns die Klage über vierzig Jahre Betrug und der Wunsch, seinerzeit, möglichst schnell zur D-Mark zu kommen. Das ist dermaßen verständlich, ein einzelnes Leben ist kurz. Zwar wehre ich mich dagegen, »besseres Leben« durch bessere Konsummöglichkeiten zu definieren, aber ich begreife Leute, auch wenn mir ihre Verhaltens-weisen reichlich unsympathisch sind, die jetzt kräf-tig aufholen wollen und wieder frustriert sind. Die

110

Erleichterungen beim Einkaufen und Reisen sind sehr schnell selbstverständlich geworden und eine Quelle reinen Genusses schon deshalb nicht, weil verbunden mit finanziellen Sorgen.

Auch das Sparen von Zeit und Kraft auf dieser Ebene schlägt nicht so recht zu Buche, weil man sich rumplagen muß mit einer ausgefeilten Bürokratie, Versicherungen, Steuern, Anträgen aller Art, einem Haufen unverlangter Post und gerade, wenn wenig Geld da ist, mit der ständigen Jagd nach günstigen Möglichkeiten und der Ausschöpfung dessen, was einem vom Gesetz her (das man also kennen sollte) prinzipiell zusteht. Viel Aufwand, mit einem Wort, zumal für Leute, die das alles erst lernen müssen. Die machen, wenn ich mich so umsehe, keinen sehr befreiten Eindruck.

M: Das ist es eben, ich meine, warum hat die Aristokratie durch viele Jahrhunderte so wunderbar gelebt und konnte alle ihre Begabungen ausbauen, zumindest die Männer? Weil sie keine materiellen Sorgen hatten. Irgendwie sollten wir alle leben wie früher die Aristokratie. Dazu brauchen wir allerdings viele Diener, und die leben dann wieder schlechter.

B: Das erinnert mich an einen Satz meiner Tante – der ältesten Schwester meines Vaters –, die mir mal, in welchem Zusammenhang weiß ich nicht mehr, geantwortet hat: Kind, früher hatten die Menschen ja auch Dienstboten. »Die Menschen«, das fand ich stark. Aber »unsere Menschen«, nicht unbedingt aristokratie-verdächtig, wollen die Angleichung ihrer Lebensverhältnisse an die der Deutschen erster Klasse, nur vielfach ohne zu überblicken, um welchen Preis.

M: Wir stehen unter Dauerdruck, das ist klar. Und

bedauerlicherweise gibt es viele Errungenschaften, die man erst dann als solche zu würdigen weiß, wenn sie nicht mehr vorhanden sind. Dazu gehört beispielsweise das Recht auf Arbeit.

B: Dieses Recht war bei uns nicht etwas, das man erobern oder verteidigen mußte, sondern eine Sicherheit, an die alle gewöhnt waren, ein Besitzstand gewissermaßen. Das hatte durchaus auch negative Seiten, nicht nur volkswirtschaftlich – die »verschleierte Arbeitslosigkeit« –, sondern individuell, im Hinblick auf Wahlmöglichkeiten und Mobilität und darin vor allem, daß man sich, wo immer machbar, auf dieser Sicherheit ausruhen konnte, zumindest nicht besonders anstrengen mußte. Ich unterstütze damit nicht das Vorurteil von der allgemeinen Faulheit, aber ich denke, daß neben der staatlichen Bevormundung auch die reglementiert-gesicherte Arbeit ein Faktor war, der zu einer gewissen Infantilisierung beigetragen hat, einem Mangel an Verantwortung für sich selbst.

M: Das ist natürlich wirklich etwas ganz anderes. Wenn man mal davon absieht, daß wir alle irgendwann mit Krankheit und Tod konfrontiert sind, dann müssen wir – zumindest die meisten von uns – für unser eigenes Leben eben jeden Tag eigenverantwortlich sorgen. Und die DDR hat gedacht, sie bekommt die Freiheit, ohne tagtäglich verantwortlich für sich zu sein. Aber das werden viele aus der DDR gar nicht mehr lernen können, nämlich die älteren Leute.

B: Unter plötzlich hartem Leistungs- und Konkurrenzdruck werden eine ganze Reihe von Menschen nicht lernen können, also auf Dauer herausfallen aus dem Arbeitsprozeß, in ein mehr oder weniger haltbares soziales Netz. Was Bundesbürger quasi organisch gelernt haben, die Anpassung an wechselnde Zwänge und Chancen des Arbeitsmarktes, ist hier ein abruptes Muß, unter den Bedingungen einer gesellschaftlichen Umstrukturierung, die zunächst mal vor allem Zerschlagung ist. Da spielen Arbeitswille und berufliche Fähigkeiten oft gar keine Rolle mehr. Das ist natürlich deprimierend. Die Selbstmordrate steigt. Über das nervende Gejammer allerorts haben wir ja schon gesprochen. Und doch bin ich überzeugt, daß sich die meisten da irgendwie durchbeißen, ohne viel nachzudenken über die Vergangenheit, die neuen Verhältnisse und sich selbst.

M: Das haben wir ja beschrieben in »Die Unfähigkeit zu trauern«: Die deutsche Nachkriegsgeschichte war eine geradezu manische Abwehr von Depression. Jeder hat verdrängt und wollte nur sehen, daß es ihm besser geht, wollte eine ordentliche Wohnung haben, und nicht dauernd über die schreckliche Vergangenheit nachdenken. Da gab es auch Selbstmorde en masse, eine Melancholie, gegen die man sich hat schützen müssen. Jeder übernahm damals hastig die Verantwortung für sein Stück eigenes Leben.

Jemand hat mir mal gesagt, die Häuser wären zwar alle kaputt aber die Keller noch intakt gewesen. So wurde hier im Westen nach dem Krieg alles wieder aufgebaut. Aber das können sie ja nicht, weil sie total dominiert sind von der BRD.

B: Dieser Vergleich drängt sich geradezu auf. Es war eine verbreitete Vorstellung, daß sich die BRD-Geschichte bei uns wiederholen, daß es so richtig losgehen würde mit dem Aufbau und einem neuen Wirtschaftswunder.

M: »Jetzt wird wieder in die Hände gespuckt, wir fördern das Bruttosozialprodukt«.

B: Ja, das hat man erwartet und auf den Westen geguckt und gedacht, wann spuckt er nun – die Investitionen aus? Wenn eine Stadt in Trümmern liegt, dann gibt es gar nichts anderes zu tun, als die wiederaufzubauen, aber wenn hier ein Betrieb bankrott macht, kann die Belegschaft nicht einfach sagen, wir übernehmen ihn. Es ist auf einer ganz anderen Ebene schwierig.

M: Man ist aber oft in der Versuchung, den DDR-Leuten zu sagen, verdammt noch mal, nun packt doch mal an, nun jammert doch nicht dauernd. Das muß man ertragen können, da müßt ihr euch durchbeißen. Ich meine, es ist doch kein wirklich katastrophales Schicksal, wenn man sich »nur« umstellen muß, was man ja sogar wollte! Und erst recht nicht im Vergleich zu den Ostblockländern.

B: Ich fürchte, es war noch nie ein rechter Trost zu wissen, daß es anderen, irgendwo, weitaus schlechter geht als einem selbst. Zumindest beeinflußt dieses Wissen das Verhalten kaum. Offenbar gibt es eine kollektive Egozentrik. Ich habe es an mir selbst und meiner Umgebung beobachtet, wie absorbiert wir waren, noch Monate nach der Wende, von dem, was im eignen Ländchen geschah, wie wenig wir von den gleichzeitigen Veränderungen in den östlichen Nachbarländern, also nun wirklich nahebei, wahrgenommen haben. Was haben wir uns in den ruhig-miefigen DDR-Zeiten für die Perestroika interessiert, davor für Polen, davor für den Prager Frühling! Auf einmal versank der Rest der Welt, gab es nur noch unsere Probleme.

Das bleibt nicht so und hat sich schon verändert,

spätestens durch den Golfkrieg. Aber doch wohl erst bei einer Minderheit. So daß sie immer noch zu hören ist, diese Klage bei westwärts gewandtem Blick: Wieso geht es denen da besser, wir sind doch auch deutsch und nicht dümmer und nicht schlechter oder fauler.

M: Ja, und deswegen sind sie chronisch unzufrieden, was sie im Moment etwas nervig macht, auch wenn es verständlich ist. Auf der einen Seite muß man sagen, daß die arroganten, einfühlungslosen Wessis zwar schrecklich sind, aber im gleichen Moment ärgert man sich darüber, daß die Ossis sich ausgerechnet an denen orientieren.

B: Das hängt nun mal mit den Modalitäten unserer Vereinigung zusammen, mit dem ökonomischen und politischen Kräfteverhältnis. Trotzdem, ich ärgere mich auch, wenn ich höre, wie kritiklos sich viele verhalten, sei es mit dem üblichen Schuß Zynismus, nach dem Motto: Der Klassenfeind kann kommen. Was immerzu als abschreckendes Beispiel vermittelt wurde, diese kapitalistische Charaktermaske, tritt nun hier und da leibhaftig auf und verhält sich, wie es im Buche steht, und ehe einer kapiert hat, daß dies jetzt kein Propagandafilm ist, sondern Wirklichkeit, ist er schon abgewickelt.

Was Heerscharen von Gewi-Lehrern an Erkenntnissen über den Kapitalismus verbreitet haben, nützt praktisch gar nichts, denn: Die Erfahrung muß persönlich sein, stand schon in Maos weisen Sprüchen. Auch Widerstand zu leisten, ihn zu organisieren, so daß er Wirkung hat in bezug auf die Dinge, die man verändern will, muß gelernt werden. Ich denke, zunächst wird es wieder mehr Proteste, Demonstrationen geben, schlimmstenfalls auch »Elendsrevolten«. Und bei alledem kann man sich, nach und nach, aus Apathie und Untertänigkeit lösen.

M: Zwölf Jahre Hitler kamen ja nicht vom Himmel. Das war zwar schlimm genug, aber die haben es nicht geschafft das Aktivitätsbedürfnis – man muß etwas ändern, und wenn es nur äußerlich und eine Flucht vor innerlichen Konfrontationen ist – der Deutschen zu brechen. Vierzig Jahre DDR hingegen, in denen die Menschen infantilisiert wurden, nur noch in Nischen lebten und dachten, der Papa wird's schon richten, die haben es geschafft.

B: Das war ein schleichender Prozeß. Und die Kräfte, die sich dagegen gewehrt haben, die das nicht mitmachen wollten, hatten immer die Möglichkeit, sich auszuklinken und in den Westen zu gehen. Die Beobachtung trifft meines Erachtens zu, daß das allgemeine Klima in der DDR ohne Vitalität ist. Es gibt einige Aktivitäten, da, wo man leicht etwas erreichen kann, kleine Privatunternehmungen, all diese Imbißbuden etc., aber die meisten waren ja bisher gewohnt, in großen Einheiten zu arbeiten, in Institutionen oder Betrieben, und haben erwartet, daß das kontinuierlich so weiter geht.

M: Daß die Lust an individueller Initiative gebrochen wurde, ist eine schwere Hypothek. Da werden die arroganten Westdeutschen ihr »Armenhaus« noch kräftig unterstützen und noch einiges einsparen müssen an flottem Leben. Es ist ja fast ein Trost, daß es viel Geld kostet.

B: Vielleicht kommen doch noch Modelle ins Spiel nach dieser schönen Formel »Hilfe zur Selbsthilfe«. Daß man Gruppen Geld zur Verfügung stellt, damit sie selbst etwas auf die Beine stellen.

M: Aber das ist doch nicht drin, sagen Sie.

    B: Ich denke, daß das nicht das politische Konzept ist.

M: Aber Sie haben doch gesagt, das haben sie nicht gelernt, sondern sie gucken nur immer nach oben.

    B: Wenn ich es so allgemein gesagt habe, ist es falsch und eine von diesen Pauschalbehauptungen, gegen die ich mich selbst immer wehre. Wenn ich irgendetwas gelernt hab seit der Wende, dann, daß die ehemalige DDR alles andere als einheitlich, leicht durchschaubar, auf einen Nenner zu bringen ist. Trotzdem verallgemeinere ich, von dem aus, was ich beobachten kann oder an den Beobachtungen anderer einleuchtend finde. Ein grobes Verfahren.

Andrerseits ist es umständlich, in einem Gespräch immerzu mit den nötigen Einschränkungen zu arbeiten, diesem: »aus meiner Sicht«, »wahrscheinlich«, »eine Mehrheit« etc.. Natürlich behaupte ich nicht, daß »sie« allesamt nach oben gucken, alles schlucken, keinen Widerstand leisten. Ich meine lediglich, die genannte Mentalität gibt es, und sie ist, wie Sie schon gesagt haben, eine schwere Hypothek. Zumal sich herausgestellt hat, daß die Vorstellungen und/oder Versprechungen der jetzt verantwortlichen Politiker, was das Aufschwungstempo und die Investitionen betrifft, falsch gewesen sind.

M: Die werden niemand finden, solange die Eigentumsfrage nicht geklärt ist. Solange man nicht weiß, ob das Haus, die Fabrik irgendeinem Wessi gehört, der froh sein sollte, daß er hier und nicht da gelebt hat, kann es nicht funktionieren. Es läuft nicht, weil Post und Telefon nicht funktionieren, es bewegt sich nichts, weil die persönliche Initiative fehlt, nein, es wird noch lange dauern. Aber man muß das relativieren. Neulich in der schon erwähnten Fernseh-Diskussion mit Horst-Eberhard Richter über »Haß und Angst« war auch ein Pole dabei, der sagte, was wollt ihr denn, wenn es uns so gut ginge, wie euch in der DDR, dann hätten wir Hoffnung!

Es ist schon erstaunlich, daß die aggressivsten Leute, die die fürchterlichsten Kriege angezettelt haben, wie Japan und Deutschland, heute die größten Wirtschaftsmächte sind. Da merkt man doch, daß hinter der Wirtschaft unter anderem die enorme Aggressivität eines Volkes steckt. Das bedeutet, daß man leider die Aggressivität der Ostdeutschen wieder wecken muß. Ist das nicht schrecklich, daß man ausgerechnet die oft unsympathischen Eigenschaften wieder reaktivieren muß?

B: Muß man das wirklich? Wie wär's denn mit solchen »aggressiven« Haltungen wie Neugier, Initiative, Kreativität?

M: Natürlich kann Aggression auch sinnvollen Zwecken dienen. Das ist den Psychoanalytikern seit langem klar. Aber was sollte Ihrer Meinung nach der Westen tun, damit die DDR-Bürgern mehr Lust am Leben und mehr Eigeninitiative entwickeln?

B: Naja, es bleibt letztlich eine Eigenleistung. Aber wenn es um förderliche Bedingungen geht, nun mal nicht auf der Ebene der Budgets und Gesetze gedacht, sondern im menschlichen Verhalten – was sollten Westler da tun? Das Einfache, das schwer zu machen ist, um mit Brecht zu sprechen, nämlich ihrerseits lernen. Dafür gibt es nicht diesen Druck der Verhältnisse wie in den Neubundesländern, sondern es ist mehr eine Frage der Bereitschaft, der Fähigkeit, sich auf andere einzulassen, also sich umzusehen, mal ruhig hinzuhören, nicht nur von den eigenen Vorstellungen oder gar Zwangsvorstellungen auszugehen, wie etwas zu sein hat, damit es funktioniert, sich rechnet etc., sondern sich mit »denen dort« – den Fremden, im Grunde genommen – auszutauschen, sie kennenzulernen und gemeinsam zu bedenken, was sie wollen, was sie können, was sie vorschlagen.

M: Natürlich ist das die Voraussetzung einer jeden Verständigung zwischen Menschen. Ich höre aber ständig, das tun wir doch, aber die wissen überhaupt nicht, was sie wollen! Die sagen einem nur, was wir wollen. Die haben keine eigenen Vorschläge.

B: Und ich höre es immer wieder andersherum. Daß Vorschlägen oder Projekten entgegengedonnert wird, dafür gibt's kein Geld, keinen »Handlungsbedarf«, es fehlen die rechtlichen Voraussetzungen – sicher ähnlich, wie es in der Altbundesrepublik auch geschieht. Das Hinzukommen der fünf neuen Länder hat ja die herrschenden Wertvorstellungen mitsamt ihrem institutionellen Unterbau nicht erschüttert, sondern ein immenses Kosten- und Verwaltungsproblem geschaffen, das man auf bekannte und bewährte Weise bewältigen möchte, mit viel gutem Willen und, so erscheint es mir, einem herzlichen Desinteresse an den Menschen, die da zu verwalten sind.

M: Ja, die Deutschen sind keine besonders einfühlsamen Menschen, und sich in die Schwachen einzufühlen, das mögen sie schon gar nicht. In den Schwachen sehen sie oft Teile von sich selbst, die sie gerade meinen, überwunden zu haben. Und sobald sich jemand als schwach erweist, besteht die Gefahr, daß er fertiggemacht wird.

B: So wird es nicht bleiben können, bei Strafe des eignen Untergangs, schon weil die Schwachen nicht immerfort geduldige Opfer sein werden oder dankbare Spendenempfänger. Einen leisen Vorgeschmack auf künftige Völkerwanderungen gibt es schon, aber nichts deutet darauf hin, daß das reiche Europa auf diese Perspektive anders einzugehen bereit ist als mit Sicherheitsabkommen à la Schengen.

M: Es wird einen immensen, unkontrollierbaren, nicht zu steuernden Druck aus den armen auf die reichen Länder geben, und zwar von überall her. Wir haben keinerlei Vorstellung davon, was demnächst passieren wird, weder in der DDR noch weltweit.

Margarete Mitscherlich

Die Zukunft ist weiblich
96 Seiten. Serie Piper 968

Unter dem Motto »Die Zukunft ist weiblich, oder es gibt sie nicht« – kreisen die hier vorgelegten Gespräche der Pendo-Verlegerin Gladys Weigner mit der Psychoanalytikerin Margarete Mitscherlich. Traditionelle männliche Werte und Verhaltensweisen wie Konkurrenzdenken und Machtstreben, Aggressivität und Rücksichtslosigkeit sind angesichts der Gefährdung von Welt und Umwelt riskante und destruktive Anachronismen. Soll die Menschheit überleben und eine Zukunft haben, muß sie weibliche Haltungen und Denkweisen als die »menschlicheren« zum Tragen bringen: Einfühlsamkeit und Verantwortungsbewußtsein, Fürsorglichkeit und Solidarität.

Dieser neue Essay von Katharina Rutschky ist als eine
Handreichung zu lesen, wie man mit dem »Tabu« Kin-
desmißbrauch umgehen sollte und wie besser nicht. Die
Autorin von »Schwarze Pädagogik« und »Deutsche-
Kinder-Chronik« kritisiert in gewohnter »beispielloser
Pointierung« *(Basler Zeitung)* den öffentlichen Umgang
mit Inzest, Kindesmißhandlung und -mißbrauch.
»Den Widersprüchen öffentlicher Kommunikation liest
Rutschky das Unvernünftige der Verhältnisse ab. End-
lich wieder ein kluger Beitrag zur Utopiedebatte.«
Frankfurter Allgemeine Zeitung

Katharina Rutschky
Erregte Aufklärung
Kindesmißbrauch:
Fakten & Fiktionen
KleinVerlag

118 Seiten
gebunden
ISBN 3-922930-05-0